Dorothee Peglau

Gottesdienste im Krankenhaus

Arbeitshilfen für die Praxis

Luther-Verlag

Die Deutsche Bibliothek – CIP-Einheitsaufnahme

Peglau, Dorothee:
Gottesdienste im Krankenhaus: Arbeitshilfen für die Praxis/
Dorothee Peglau. –
Bielefeld: Luther-Verl., 1998
ISBN 3-7858-0405-9

2. Auflage 2001

Einbandgestaltung: Charlotte Gentgen
Satz und Lektorat: Andreas Isenburg
Titelbild: Gerald Paetzer
Druck und Bindung: ROSCH-Buch, Scheßlitz

Inhaltsverzeichnis

Vorwort 7

EINLEITUNG

Theologische Anmerkungen 9

Praktische Erwägungen 15

GOTTESDIENST-ENTWÜRFE

In Bewegung geraten
Gottesdienst mit der Kantorei zu Psalm 4, 2 18

Endlich
Gottesdienst mit Abendmahl zu Psalm 31, 16 24

Bleibend
Gottesdienst zu Psalm 61, 5 31

Was bleibt
Gottesdienst an Silvester/Altjahrsabend
zu Psalm 103, 8 37

Von guten Mächten
Gottesdienst zu Psalm 130 44

Auftrieb
Gottesdienst zu Jesaja 40, 27–31 51

In andere Hände legen
Gottesdienst zum Jahreswechsel zu Jesaja 41, 10 56

Gerufen
Gottesdienst zu Jesaja 43, 1 63

Noch einmal geschenkt
Gottesdienst zum Reformationstag zu Matthäus 5, 4 69

Und der Wind legte sich
Gottesdienst zu Markus 4, 35–41 74

„... und flochten eine Dornenkrone“
Gottesdienst am Gründonnerstag zu Markus
14, 17–42; 15, 16–18 81

Das Leben triumphiert
Gottesdienst am Karsamstagabend zu
Markus 16, 1–8 88

Heil werden
Weihnachtsgottesdienst zu Lukas 2, 1–20 94

Mit dem Blick der Barmherzigkeit
Gottesdienst in der Passionszeit zu Lukas 22, 54-62 101

Da haben die Dornen Rosen getragen
Gottesdienst am Ostersonntag zu Lukas 24, 1–12 108

Des Nachts
Gottesdienst am Karsamstagabend zu
Johannes 12, 24 116

Horizonterweiterung
Gottesdienst am Totensonntag zu
Offenbarung 21, 1–6 123

Anmerkungen 129

Register 130

Quellenverzeichnis

Vorwort

Dieses Buch ist aus der Praxis der Krankenhausseelsorge in einem Allgemeinkrankenhaus entstanden. Die Gedanken, Erfahrungen und die Atmosphäre der hier dokumentierten Gottesdienste sind aus vielen Gesprächen, Begegnungen und Gottesdienstfeiern zusammengekommen. Der Weg zu diesem Buch war der von der Gottesdienstvorbereitung über das Gottesdiensfeiern zur nachträglichen schriftlichen Fixierung des Gottesdienstes. Die Gottesdienst-Entwürfe sind also alle aus der gottesdienstlichen Praxis für die Praxis entstanden.

Um den Nutzwert des Buches für den Gebrauch zu erhöhen, sind die einzelnen Gottesdienst-Entwürfe weitestgehend nach einem gleichbleibenden Schema geordnet. Zu jedem Entwurf sind neben der Predigt Lieder, Psalmen, Gebete und ggf. praktische Hinweise bzw. Erläuterungen mit aufgeführt. Diese Teile können auch in anderen Entwürfen eingesetzt werden. Obwohl die einzelnen Entwürfe als in sich zusammengehörende Einheiten verfaßt sind, können sie auch als „Steinbruch" verwendet werden. Manchmal ist zusätzliches Material aufgeführt, so daß bei komplettem Einsatz die Gottesdienstdauer von 30 Minuten überschritten würde. Aus dem Angebot kann nach Belieben ausgewählt werden. In diesem Sinne verstehe ich auch die Predigten als Anregung zum Weiterformulieren, Ausschmücken, Kürzen, Ergänzen usw.

Die Gottesdienste sind als Abendgottesdienste konzipiert. Aus diesem Grund finden sich unter den Liedangaben einige Abendlieder, jedoch keine Morgenlieder. Die Liednummern richten sich nach der Ausgabe des Ev. Gesangbuches für die Kirchen Rheinland/Westfalen/Lippe.

Zur Übersicht ist am Ende des Buches ein Register der verwendeten Bibelstellen, Psalmen und Gebete zu finden.

EINLEITUNG

Theologische Anmerkungen

„Der Gottesdienst der christlichen Kirche kann verstanden werden 1. als Inbegriff christlichen Glaubens überhaupt (...); 2. als Versammlung der christlichen Gemeinde im Namen Jesu."[1] „Gottesdienst" wird hier in der zweiten Bedeutung verwendet, als Zusammenkommen der Gemeinde, um miteinander in Wort und Sakrament Gott zu begegnen.

Der Gottesdienst im Krankenhaus unterscheidet sich von einem „normalen" Sonntagsgottesdienst in der Kirche durch einige wesentliche Merkmale. Die Besucher und Besucherinnen sind krank und darum in ihren Bewegungs- und Aufnahmemöglichkeiten eingeschränkt. Diese Kranken sind mit ihrer Krankheit körperlich in der Kapelle anwesend (nicht nur als namentlich Genannte in der Fürbitte), ihre Schwäche ist oft deutlich sichtbar. Rollstühle und Krankenbetten werden in die Mitte der Kapelle gefahren. Die Patienten und Patientinnen wohnen für eine vorübergehende Zeit nicht in ihrer gewohnten Umgebung, sondern in einem fremden Haus, im Kranken-Haus. Viele von ihnen sind durch ihr Kranksein gezwungen, sich mit existentiellen Grundfragen ihres Lebens auseinanderzusetzen. Manche befinden sich in Krisensituationen. Sie treffen im Gottesdienst nicht unbedingt bekannte Gesichter an, sondern eine kleine Gemeinde, die zufällig in der Zeit des Krankenhausaufenthaltes miteinander unterwegs ist, manchmal auch nur für diesen einen Gottesdienst. Der Gottesdienst bietet die Möglichkeit, das Krankenzimmer zu verlassen und äußerlich und innerlich einen anderen Raum zu betreten. Dazu gehört auch der zeitliche Wechsel, in dem von außen vorgegebenen Rhythmus des Krankenhauses eine Auszeit zu nehmen.

Im Alten Testament galten Kranke als unrein und waren darum vom Kult, vom gottesdienstlichen Geschehen ausgeschlossen. Im Neuen Testament kündigt Jesus von Nazareth das nahende Reich Gottes an, indem er sich den Schwachen und Kranken in besonderer Weise zuwendet, sie in die Gottesgemeinschaft einlädt, die Unberührbaren berührt und heilt. „Die Gesunden bedürfen des Arztes nicht, sondern die Kranken“ (Lk 5, 31). Insofern entspricht es zutiefst dem Geist Jesu, im Krankenhaus mit Kranken Gottesdienst zu feiern.

Das gemeinsame Gottesdienstfeiern entspricht der Gefährdung durch Krankheit in verschiedener Hinsicht.

Kranksein im Krankenhaus wird als Infragestellung des alltäglichen Lebens erlebt. Bisher tragfähige Muster greifen nicht mehr und verunsichern den kranken Menschen. Ungewißheit über den Verlauf der Krankheit, über Untersuchungsergebnisse und ihre Folgen kosten viel innere Kraft, nagen an dem Vertrauen in das Leben.

Im Gottesdienst können sich die/der einzelne und die Gemeinschaft dessen vergewissern, daß Gott treu ist, daß bei aller schwankenden Unsicherheit eine Größe immer konstant, verläßlich und gleich bleibt. Diese Verläßlichkeit findet ihren liturgischen Ausdruck in den feststehenden Stücken des Gottesdienstes: Im Namen des Vaters..., Vaterunser, Einsetzungsworte für das Abendmahl, aaronitischer Segen. Hinzu kommen nach Text und Melodie vertraute Lieder, bekannte und eingängige Schriftworte.

Kranksein im Krankenhaus wird zudem als fremd empfunden. Zu körperlichen Symptomen, die für viele zunächst ungewohnt sind, kommt das Teilen des Zimmers mit einer in der Regel völlig fremden Person hinzu. Tag und Nacht, Freud und Leid, Besuch und Mangel an Besuch, Fortschritt und Rückschlag werden von den Zimmernachbarn und -nachbarinnen mit wahrgenommen. Manchmal entwickelt sich aus dieser unfreiwilligen Nähe eine solidarische Freundschaft der Leidenden, ein anderes Mal wird das Leiden des/der anderen als zusätzliche Belastung empfunden und verstärkt das Gefühl von Fremdsein und Ausgeliefertsein.

Der Gottesdienst kann als etwas Bekanntes, Vertrautes, Stützendes erlebt werden. Trotz eines anderen Ortes und einer anderen Situation wird der Gottesdienst an seinen charakteristischen Merkmalen erkannt und wiedererkannt. In der Fremde des Krankenhauses finden Kranke einen Raum, eine Zeit, ein Ritual, das ihnen hilft, ein wenig Geborgenheit zu erfahren. Durch äußere Kennzeichen wie Orgelmusik, Talar und bekannte Liturgie gewinnt der Gottesdienst im Krankenhaus sein notwendiges Profil.

Kranksein im Krankenhaus hat mit der Bedrohung unseres Lebens zu tun. Diese Bedrohung kann nach Intensität und Reichweite, nach persönlichem Empfinden und nach tatsächlicher Sachlage sehr unterschiedlich sein. Die Frage nach der Zukunft drängt sich in den Vordergrund. Die Perspektiven von eingeschränktem Leben, von Abschied und Tod gehören zum Alltag des Krankenhausgeschehens. Manche arbeiten diese Fragen für ihr eigenes Leben durch, andere nehmen durch das Schicksal eines Zimmernachbarn oder einer -nachbarin daran teil. Die Bedrohung des Lebens durch Krankheit reißt die Tür auf, hinter der die Fragen nach Grund, Halt und Ziel unseres Lebens liegen.

Im Gottesdienst werden die vor langer Zeit gefundenen und erprobten Antworten auf diese Fragen neu aktualisiert und dadurch zugleich aktiviert. In einfachen, bildhaften Texten kann der Zuspruch und Trost des Evangeliums in die Situation der Krankheit hinein gesagt werden.

Theologisch zentral und seelsorglich unaufgebbar ist dabei der Rückgriff auf den Grundinhalt christlichen Glaubens, den gekreuzigten und auferweckten Christus. Daß der Gott, der Himmel und Erde geschaffen hat, auch über die lebensbedrohlichen Mächte Macht hat, bekommt im Krankenhausgottesdienst einen anderen, eindeutigeren, greifbareren Klang.

Kranksein im Krankenhaus wird schließlich als Vereinzelung erlebt, als vorübergehender Ausschluß oder Absonderung von den Gesunden. Selbst wer in einem funktionierenden Sozialgefüge lebt, muß doch allein im Krankenhaus liegen. Das Wort Besuch macht diesen Sachverhalt schmerzlich bewußt. Die Angehörigen kommen, gehen dann aber auch wieder und lassen den Kranken im Krankenhaus allein zurück. Daneben gibt es viele, die aus den unterschiedlichsten Gründen keinen Besuch bekommen. Neben diese soziale Vereinzelung tritt die jeweils eigene Art, mit der als individuell empfundenen Krankheit fertigzuwerden. Dabei entwickeln Menschen ganz verschiedene Umgangsweisen mit ihren Fragen und Problemen, die manchmal Begegnung und Austausch ermöglichen, manchmal aber die Vereinzelung noch stärker spüren lassen.

Im Gottesdienst versammeln sich dann Menschen, die auf verschiedenen Ebenen ihres Lebens miteinander verbunden sind: in ihrem Glauben und in ihrer Not. Oft wird etwas von dieser Solidarität der Verwundeten im Gottesdienst spürbar. Aus den Vereinzelten wird im Gottesdienst eine Gemeinschaft. Dieser Aspekt wird dadurch unterstützt, daß Menschen aus der Gemeinde zum Gottesdienst ins Krankenhaus kommen und so Kranke und Gesunde miteinander feiern (z. B. Besuchsdienst, Grüne Damen, Gemeindekreise etc.). Zeichenhaft verwirklicht sich dabei die Nähe Jesu wechselseitig: Christus wird im

Bruder, in der Schwester gegenwärtig, den Kranken in den Gesunden und den Gesunden in den Kranken und untereinander (Mt 25, 40).

Aus diesen Überlegungen ist deutlich, daß der Gottesdienst theologisch nicht erst auf die Besonderheit des Krankenhauses hin konstruiert werden muß. Vielmehr erweisen sich der Reichtum und die Weisheit alter, gewachsener Rituale in der Ausnahmesituation Krankenhaus.

Diese Einsicht hat zur Folge, daß der Gottesdienst als Raum und Zeit konkret und praktisch so zu gestalten ist, daß Geborgenheit, Vergewisserung, Trost, Ausrichtung und Gemeinschaft erfahren werden können. Daß die Erfahrungen anderer nicht machbar sind durch Dritte, bedarf nicht der Erörterung. Verantwortliche Gestaltung trifft sorgfältig die inneren und äußeren Vorbereitungen für den Gottesdienst, so daß er – wenn es Gott gefällt – zu einem Raum und zu einer Zeit der Gottesbegegnung wird. „Siehe, jetzt ist die Zeit der Gnade, siehe, jetzt ist der Tag des Heils!" (2. Kor 6, 2)

Aus dem bisher Gesagten ergibt sich z. B. folgender Gottesdienst-Ablauf:

Orgelvorspiel
Begrüßung
Im Namen des Vaters...
Unsere Hilfe...
Psalm oder Eingangsgebet
Lied
Lesung
Predigt
Lied
Fürbitten
Vater unser
Segen
Liedstrophe
Orgelnachspiel

Wenn der Gottesdienst mit Abendmahl gefeiert wird und falls ein kleiner Kreis von Sängerinnen und Sängern im Gottesdienst zur Verfügung steht, ist auch folgender Ablauf möglich:

Chor
Begrüßung
Im Namen des Vaters...
Unsere Hilfe...
Lied
Psalm
Chor: Lobpreis
Lesung
Predigt
Lied

Abendmahl
- Vorbereitung/Gebet/Hinführung
- Einsetzungsworte
- Vater unser
- Friedensgruß (gegenseitig)
- Christe, du Lamm Gottes (EG 190.2)
- Austeilung
- Danksagung (z. B. EG 321, 1 „Nun danket alle Gott")

Fürbitte (dreigeteilt; der Chor singt nach jedem Teil ein „Kyrie")
Lied
Segen
Chor

Praktische Erwägungen

Krankenhausseelsorge und damit Gottesdienstfeiern im Krankenhaus ist oft nicht in die Struktur Krankenhaus integriert. Sie muß sich ihren eigenen Raum, ihre eigene Zeit suchen, manchmal erkämpfen. Das macht die Notwendigkeit deutlich, auf den Gottesdienst gezielt hinzuweisen, über dieses Angebot breit zu informieren. Dazu kann man die üblichen Möglichkeiten zur Veröffentlichung nutzen: Gemeindebrief, Regionalpresse, kirchliche Presse, Abkündigungen. Darüber hinaus kann intern im Krankenhaus auf das Angebot von Gottesdiensten aufmerksam gemacht werden: in der allgemeinen Krankenhaus-Broschüre des jeweiligen Hauses, mit eigenem Faltblatt im Ständer für Informationsbroschüren, einem gerahmten Foto der Kapelle mit Gottesdienstzeiten auf jeder Station, z. B. aufgehängt neben dem Stationszimmer, durch die Gestaltung einer Stellwand/eines Paravents für

Krankenhausseelsorge, die/der im Foyer aufgestellt wird. Falls es eine Übertragung des Gottesdienstes in die Zimmer per Video oder Funk gibt, ist es hilfreich, wenn Stationspersonal und Patientinnen und Patienten über diese Möglichkeit und ihre Handhabung informiert sind.

Diese materiellen Informationsmöglichkeiten sind idealerweise durch persönliche Einladung zu ergänzen. Das kann beim seelsorglichen Kontakt am Krankenbett oder auf dem Flur durch den Seelsorger und die Seelsorgerin geschehen. Oder man bittet das Stationspersonal, beim Austeilen des Essens auf den Gottesdienst hinzuweisen. Es ist auch möglich, über die Sprechanlage auf der Station zum Gottesdienst einzuladen. In manchen Häusern übernimmt ein ehrenamtlicher Helferinnen- und Helferkreis aus der Gemeinde die Aufgabe, vor dem Gottesdienst über die Stationen in alle Zimmer zu gehen und zum Gottesdienst einzuladen. Dadurch entsteht zugleich ein Kontakt zwischen Kranken und Gemeinde, der somit nicht nur auf die Person des Seelsorgers oder der Seelsorgerin beschränkt bleibt. Die Helferinnen und Helfer bringen bei Bedarf Kranke in Betten und Rollstühlen in die Kapelle, feiern den Gottesdienst mit und begleiten die Kranken wieder zu ihren Zimmern. Auf diese Weise findet Gemeinschaft statt, die Gesunde und Kranke als gut erfahren.

Durch die Präsenz und Mithilfe der Ehrenamtlichen wird für das Stationspersonal und für die Angehörigen noch einmal auf andere Weise die Präsenz von Kirche im Krankenhaus sichtbar.

Ich verstehe den Gottesdienst im Krankenhaus als Gemeindegottesdienst, der im Krankenhaus unter Berücksichtigung bestimmter Besonderheiten stattfindet. Adressaten dieses Gottesdienstes sind Kranke, Angehörige, Besucherinnen und Besucher, das gesamte Personal sowie die gesamte Gemeinde. Da dieses Bewußtsein in vielen Gemeinden nicht vorhanden ist und die Krankenhäuser als Seelsorgebezirke oft merkwürdig von den Gemeinden abgetrennt sind, finden viele Gottesdienste im Krankenhaus nur mit Kranken, dem Kirchenmusiker oder der Kirchenmusikerin und dem Pfarrer oder der Pfarrerin statt. Um dieser Tendenz entgegenzuwirken, lade ich abwechselnd Chöre und Posaunenchöre, Gemeindekreise und Jugendgruppen zu Gottesdiensten ins Krankenhaus ein und bitte sie, den Gottesdienst mitzugestalten. Dabei geschieht auf organische Weise ein wechselseitiges Anteilgeben und -nehmen zwischen kranken und gesunden Gemeindegliedern. „Und wenn ein Glied leidet, so leiden alle Glieder mit, und wenn ein Glied geehrt wird, so freuen sich alle Glieder mit" (1. Kor 12, 26). Insofern verstehe ich den Gottesdienst im Krankenhaus auch als eine Chance für die Gesunden, an der kraftvollen Solidarität der Schwachen und Verwundeten im Leib Christi teilzuhaben.

Den Besonderheiten eines Krankenhausaufenthaltes ist es angemessen, wenn in jedem Gottesdienst Abendmahl gefeiert wird. Kranke befinden sich in Übergangs- und Krisensituationen und sind in der Regel offen für Vergewisserung, Trost, Stärkung, Ermutigung, Versöhnung, Verheißung, Zuspruch und Entlastung. Oft wird darum die Abendmahlsfeier im Krankenhaus sehr intensiv erlebt.

Aus hygienischen und medizinischen Gründen empfiehlt sich der Gebrauch von Einzelkelchen und Traubensaft.

Die Dauer des Gottesdienstes hat sich an den Schwächsten, d. h. an den Kranken zu orientieren. Ich favorisiere eine Dauer von 30 bis 35 Minuten inklusive Abendmahl, ggf. Chormusik etc.

GOTTESDIENST-ENTWÜRFE

In Bewegung geraten

Gottesdienst mit der Kantorei zu Psalm 4, 2

„Du hast mir Raum geschaffen,
als mir angst war.
Sei mir gnädig,
und hör auf mein Flehen."
(Übertragung von Psalm 4, 2)

Liebe Gemeinde!
Ich weiß nicht, was Sie heute bewegt hat, hierher in die Kapelle zum Gottesdienst zu kommen. Vielleicht, weil es für Sie zum Wochenende dazugehört, vielleicht, weil Sie eine Abwechslung vom Krankenhausgeschehen haben möchten. Vielleicht hat die Musik, das Singen des Chores Sie erinnert oder bewegt, hierher zu kommen.
Vielleicht warten Sie auf ein gutes Wort, das Ihnen neuen Mut, neue Kraft gibt für das, was vor Ihnen liegt.

Irgendwie sind Sie – wortwörtlich – in Bewegung geraten, haben sich in Bewegung gesetzt und sind diesen Weg in die Kapelle gekommen.
Vielleicht setzt sich diese äußerliche Bewegung innerlich in Ihnen fort. In manchen Menschen bewirkt das die Musik. Sie bringt durch ihre eigenen Schwingungen etwas in uns zum Schwingen. Vielleicht erst nur ganz zart, ganz sanft, aber doch spürbar. „Da kann einem das Herz aufgehen", sagen manche beim Hören von Musik. Da wird etwas geöffnet, was vorher verschlossen, vielleicht verhärtet, ohne Zugang und Lebendigkeit war.
Der Chor wird uns jetzt eine Strophe singen. Wenn Sie mögen, schließen Sie einmal dabei die Augen und über-

lassen sich ganz der Melodie, den Tönen, der Bewegung den Stimmen. Sammeln Sie sich für die Begegnung, das Empfangen der Musik.

(Der Chor singt z. B. von Mendelssohn-Bartholdy aus dem „Elias" den Satz: „Denn er hat seinen Engeln befohlen über dir" oder „Wirf dein Anliegen auf den Herrn".)

Musik ist Bewegung und kann uns in Bewegung bringen, kann uns anstecken. Alles Leben bedeutet zugleich Bewegung. In jedem Moment, bei jedem Atemzug, den wir tun, spielen sich millionenfache Bewegungen in unserem Organismus ab: unser Herzschlag, der Blutkreislauf, der Stoffwechsel in den einzelnen Zellen, die Tätigkeit der Nieren und des Verdauungsapparates und so weiter.
Bewegung – innerlich und äußerlich – gehört zum Leben. Jeder Atemzug macht das deutlich.

Wir können unseren Atem in hörbare Bewegung umwandeln, z. B. beim Singen. Der Kirchenvater Augustin hat einmal gesagt: „Wer singt, betet doppelt." Das kann man auf vielerlei Weisen verstehen: „Wer singt, betet doppelt." Der wendet sich zu Gott hin mit Herz und Lippen, mit Wort und Melodie, mit seinem Leib, mit seiner Stimme als Instrument, um seiner Seele Ausdruck zu verleihen.
„Wer singt, betet doppelt." Der oder die singt für sich und steckt andere an. Die Bewegung breitet sich aus. Andere stimmen mit ein, werden angerührt, lassen sich bewegen. Wer singt, ist lebendig und kann sich seiner Lebendigkeit bewußt sein.

„Wer singt, betet doppelt." Manchmal kann man es spüren – im Leib, an der Seele spüren, daß Singen getröstet hat, daß es erfrischt hat, daß der Frieden beim Singen oder beim Hören von Gesang kam. Oder sogar, daß das Herz

vor Freude zu hüpfen begann. Die Musik, die heilige Musik hat eine große, heilende Kraft. Darum ist sie so wichtig, so nötig – gerade im Krankenhaus.
Die Musik ist eine willige Dienerin Gottes, damit Menschen etwas davon erfahren, was der Psalm so ausdrückt:

„Du hast mir Raum geschaffen, als mir angst war."

Gott schafft mir Raum, Frei-Raum, wo das Bedrängende zurückweichen muß.
Das kann diese Kapelle als Ort sein; oder das Gottesdienstfeiern; oder ein Wort, eine Melodie, die haften bleibt.
Als mir angst war, als es für mich eng wurde, da hast du, Gott, etwas in Bewegung gesetzt, hast mir Raum, Frei-Raum geschaffen.
Ich wünsche Ihnen, daß Sie während Ihres Krankseins solche Erfahrungen machen.

Und der Friede Gottes, der höher ist als alles, was wir denken und verstehen, der bewahre eure Herzen und Sinne in Christus Jesus, unserem Herrn. Amen

Erläuterungen und Materialien

Die Kantorei der Gemeinde kommt regelmäßig im Abstand von zehn bis zwölf Wochen ins Krankenhaus und singt auf den Stationen. Dieses Engagement wird von der Krankenhausleitung, von Patienten/-innen, von den Sängern/-innen und von der Krankenhausseelsorgerin begrüßt und geschätzt. In der Kapelle sitzen die Chormitglieder bewußt neben und zwischen den Patienten.

Bei diesem Gottesdienst hatte der Chor zuvor auf den Stationen gesungen und in den Zimmern die Patienten/-innen eingeladen.

Statt Orgelvor- und nachspiel singt der Chor. Wenn kein Chor vorhanden ist, ist es auch möglich, die Musik über einen Kassettenrecorder oder CD-Player einzuspielen.

Lieder: EG 473, 1–3 „Mein schönste Zier"
EG 477, 8–9 „Nun ruhen alle Wälder"
EG 171, 1–4 „Bewahre uns Gott" (Gemeinde und Chor singen die Strophen abwechselnd)

Psalm (Jona 2/EG 766)

Ich rief zu dem Herrn in meiner Angst,
und er antwortete mir.
Ich schrie aus dem Rachen des Todes,
und du hörtest meine Stimme.
Du warfst mich in die Tiefe, mitten ins Meer,
daß die Fluten mich umgaben.
Alle deine Wogen und Wellen
gingen über mich,
daß ich dachte, ich wäre von deinen Augen verstoßen,
ich würde deinen heiligen Tempel nicht mehr sehen.
Wasser umgaben mich und gingen mir ans Leben,
die Tiefe umringte mich, Schilf bedeckte mein Haupt.

Ich sank hinunter zu der Berge Gründen,
der Erde Riegel schlossen sich hinter mir ewiglich.
  Aber du hast mein Leben aus dem Verderben geführt,
  Herr, mein Gott!
Als meine Seele in mir verzagte,
gedachte ich an den Herrn,
  und mein Gebet kam zu dir
  in deinen heiligen Tempel.
Die sich halten an das Nichtige,
verlassen ihre Gnade.
  Ich aber will mit Dank
  dir Opfer bringen.
Meine Gelübde will ich erfüllen
dem Herrn, der mir geholfen hat.

Eingangsgebet[2]
Die Flügel lahm
Und die Arme schlaff am Körper
Die Freude fort
Und die Lust schon längst verflogen
So fühl ich mich
So bin ich heute
Gott
Laß mich fliegen vor Lust
Und die Arme in den Himmel werfen vor Freude.

Lesung: Kol 3, 15–17

Fürbitten

Barmherziger, lebendiger Gott, bewege uns zum Leben.
Schaffe du Raum, wo Enge ist.
Bringe in Bewegung, was festgefahren ist.
Heile, was verwundet ist.
Mach reden, was verstummt ist.
Verwandle in Lobgesang, worüber geklagt wird.
Verbinde zur Einheit, wo gespalten wurde.
Laß Barmherzigkeit werden, wo abgelehnt wird.
Pflanze du Hoffnung, wo kein Ausweg mehr ist.
Laß Liebe wachsen, wo sich Gleichgültigkeit ausbreitet.
Laß Farben blühen, wo es nur grau in grau gibt.
Gib dem Leben den Sieg, wo der Tod herrscht.
Gib Erkenntnis, daß du allein die Quelle des Lebens bist.
Laß uns leben als deine geliebten Kinder durch Christus, unseren Bruder.

Unser Vater im Himmel...

Endlich

Gottesdienst mit Abendmahl zu Psalm 31, 16

„Meine Zeit steht in deinen Händen."

Liebe Gemeinde!
Wir haben es eben im Lied gehört: *„Meine Zeit steht in deinen Händen."* Das ist ja zunächst einmal ein ungewöhnliches Bild: *„Meine Zeit steht in deinen Händen."* Damit wird eine uralte Erfahrung ausgedrückt, nämlich die Erfahrung, daß unsere Zeit begrenzt ist.
Ihr Aufenthalt hier im Krankenhaus hat Ihnen das vielleicht noch einmal schmerzlich bewußt gemacht: Es bleibt nicht alles so, wie es war, wie es ist, wie es gerade läuft. Krankheit unterbricht unsere normalen, alltäglichen Abläufe. Wir spüren es: Leben ist verletzlich, ist gefährdet, ist bedroht. Unser Leben ist nicht eine gerade Linie, die aufsteigend nach oben geht; sondern unser Leben verläuft in Höhen und Tiefen, mal gerade, mal zickzack, mal in Schleifen. Und irgendwann endet unsere Lebenslinie. Unsere Zeit ist begrenzt.
Diese Erkenntnis kann uns Angst machen, sie kann uns traurig machen über ungenutzte Zeit, über verspielte Chancen. Aber sie kann uns auch trösten, daß auch das Leiden, die Ungerechtigkeit, die Krankheit in ihrer Zeit begrenzt sind. Und darüber hinaus kann es geschehen, daß diese Einsicht uns in Bewegung setzt, das Leben zu ergreifen, zu gestalten und zu entdecken.

Meine Zeit ist mir geschenkt. Meine Zeit ist mir anvertraut. Wir leben in einem bestimmten Ausschnitt der Geschichte, wir haben teil an dieser Zeit und diesem Raum, um darin unser Leben zu gestalten als einzelne und als Gemeinschaft. Zeit ist uns geschenkt, Freude zu erleben, zu teilen, weiterzugeben. Zeit ist uns geschenkt, dem Geheimnis des Lebens nachzuspüren, zu erfahren, wie kostbar das Leben ist. Manchmal werden wir erst in der Krankheit gewahr, wie wertvoll das Leben ist. Obwohl das Leiden mühsam, ja manchmal schwer zu ertragen ist, macht es das Leben kostbar. Mancher entdeckt erst in der Bedrohung, in der Gefährdung seines Lebens wieder neu, wieviel Lebenshunger, wieviel Sehnsucht in ihm ist, wie einmalig, wie wertvoll, wie unverfügbar Leben ist. Geschenktes Leben, geschenkte Zeit. Etwas, das uns von außen gegeben wird, was wir uns nicht selber geben können, sondern was wir empfangen.

Unser Leben verdanken wir nicht uns selber, sondern es ist uns von Gott geschenkt. Damit steht es in Beziehung zu Gott, dem Schöpfer, dem Hüter und Liebhaber allen Lebens. Leben ist uns geschenkt, damit wir es ergreifen und gestalten und dann auch wieder loslassen und zurückgeben. Das gehört zum Urrhythmus alles Lebendigen: nehmen und geben, ergreifen und loslassen, anfangen und aufhören. Sie können das an einfachen Abläufen Ihres Organismus beobachten. Bei jedem Atemzug strömt Luft in Ihren Leib hinein und wieder hinaus. Herztätigkeit, Stoffwechsel – alles ist ständig in Bewegung im Nehmen und Geben, im Ergreifen und Loslassen, im Anfangen und Aufhören.

An jedem Abend praktizieren wir diesen Urrhythmus, sei es bewußt oder unbewußt, wenn wir uns schlafen legen. Im Schlaf sind wir wehrlos, überlassen wir unser Leben einem anderen, lassen wir unser Leben los.

Beim Übergang vom Wachsein zum Schlafen können wir uns einüben in die Lebensweisheit des alten Beters, dessen Worte im 31. Psalm überliefert sind: *„Meine Zeit steht in deinen Händen."* Darum betet die Kirche von alters her in ihrem Nachtgebet einen anderen Vers aus diesem 31. Psalm: *„In deine Hände befehle ich meinen Geist; du hast mich erlöst, HERR, du treuer Gott"* (V. 6). Abend für Abend überlassen sich Menschen mit diesem Gebet (oder einem ähnlichen) den guten Händen Gottes, lassen sich selber los und ergreifen am nächsten Morgen wieder das Leben, das ihnen geschenkt ist. Eine Einübung in den Urrhythmus des Lebens, ein Zugang zu Gott, dem Schöpfer und Liebhaber des Lebens, ein Hineinwachsen in die Weisheit des Beters: *„Meine Zeit steht in deinen Händen."* Meine Zeit ist begrenzt und geschenkt von Gott. Mögen die Tage im Krankenhaus Ihnen dazu helfen, zu erkennen und zu spüren, wie kostbar Ihr Leben ist.

Und der Friede Gottes, der höher ist als alle unsere Vernunft, der bewahre dabei eure Herzen und Sinne in Christus Jesus, unserem Herrn. Amen

Erläuterungen und Materialien

Im Gottesdienst ist ein Frauenkreis der Gemeinde zu Gast. Der Kontakt entstand durch einen gemeinsamen Abend, den ich auf Wunsch der Frauen zum Thema Krankenhausseelsorge gestaltet hatte. Ich lud die Frauen ein, mich im Krankenhaus zu besuchen und dort einen Gottesdienst mitzufeiern. Die Einladung wurde freudig aufgenommen. Die Frauen bereiteten einige Lieder vor, die sie im Gottesdienst vortrugen. Vor der Predigt sangen sie das Lied: „Meine Zeit steht in deinen Händen" von Peter Strauch, am Ende den aaronitischen Segen.

Psalm 31 (in Auswahl)

Herr, auf dich traue ich,
laß mich nimmermehr zuschanden werden,
errette mich durch deine Gerechtigkeit!
  Neige deine Ohren zu mir, hilf mir eilends!
  Sei mir ein starker Fels und eine Burg,
  daß du mir helfest!
Denn du bist mein Fels und meine Burg, und um deines Namens willen wollest du mich leiten und führen.
  Du wollest mich aus dem Netze ziehen,
  das sie mir heimlich stellten;
  denn du bist meine Stärke.
In deine Hände befehle ich meinen Geist;
du hast mich erlöst, Herr, du treuer Gott.
  Ich freue mich und bin fröhlich über deine Güte,
  daß du mein Elend ansiehst
  und nimmst dich meiner an in Not
und übergibst mich nicht in die Hände des Feindes;
du stellst meine Füße auf weiten Raum.
  Ich aber, Herr, hoffe auf dich und spreche:
  Du bist mein Gott!
  Meine Zeit steht in deinen Händen.

Eingangsgebet
Barmherziger Gott, manchmal zerrinnt uns die Zeit zwischen den Fingern. Wir sehen die Tage kommen und gehen und spüren doch wenig von dem Strom des Lebens. Wie von der Lebendigkeit abgeschnitten fühlen wir uns. Wir spüren unsere Sehnsucht nach Leben, nach erfülltem Leben, nach erfüllter, gelingender Zeit. Wir bitten dich: Laß uns in diesem Gottesdienst etwas erfahren von deiner zeitlosen Ewigkeit, von deiner guten Gegenwart. Laß uns erfahren, daß wir in Christus das Leben haben.

Nach der Predigt folgt ein **Abendmahlslied** (z. B. EG 220 „Herr, du wollest uns bereiten"). Danach wird die **Abendmahlsfeier** eingeleitet:

Wir feiern jetzt zusammen Abendmahl. In Brot und Wein feiern wir die Gegenwart Jesu Christi unter uns. Wir feiern das Fest unserer Erlösung inmitten einer Welt voller Leiden, Schmerzen und Tod. Mitten in der Krankheit feiern wir das Fest des Lebens, erinnern wir uns daran, daß Gott uns mit dem Tod und der Auferweckung Jesu erlöst hat. Innerhalb von Krankheit und Begrenzung hat Gott uns einen heilsamen Lebens-Raum geöffnet.
Im Abendmahl geschieht es auf geheimnisvolle Weise, daß Gottes Zeit in unsere Zeit eingeht, daß Gott greifbar, schmeckbar wird in Brot und Wein.

So erinnern wir uns an die Nacht, in der unser Herr Jesus verraten wurde:
Da nahm er das Brot, dankte und brach es und gab es seinen Jüngern und sprach: Nehmet und esset! Das ist mein Leib, der für euch gegeben wird; solches tut zu meinem Gedächtnis.
Ebenso nahm er auch den Kelch nach dem Abendmahl, dankte und gab ihnen den und sprach: Nehmet und trinket alle daraus!

Dieser Kelch ist der neue Bund in meinem Blut, das für euch vergossen wird zur Vergebung der Sünden. Solches tut, so oft ihr's trinket, zu meinem Gedächtnis.
Weil wir nun geliebte Kinder unseres Vaters im Himmel sind, darum dürfen wir uns mit kindlichem Vertrauen an ihn wenden und gemeinsam sprechen:

Unser Vater im Himmel...

Der Friede des Herrn sei mit euch allen.

Geben Sie einander ein Zeichen des Friedens und der Zuwendung, indem Sie sich Ihren Nachbarn zuwenden, einander die Hand reichen und einander zusprechen: *„Der Friede des Herrn sei mit dir."*

Lied: EG 190.2 „Christe, du Lamm Gottes"

Es ist alles bereit. Sehet und schmecket, wie freundlich unser Gott ist.

Austeilung
Die Patienten bleiben auf ihren Stühlen bzw. in ihren Betten. Das Abendmahl wird ihnen gebracht und angereicht.

Danksagung
Danket dem Herrn, denn er ist freundlich und seine Güte währet ewiglich. Amen

Liedstrophe: EG 321, 1 „Nun danket alle Gott"

Nachtgebet[3]

Das Gebet wird im Wechsel mit der Gemeinde gesprochen.

Eine ruhige Nacht und ein heiliges Ende
verleihe uns der allmächtige und gnädige Gott.
Vergebung aller unserer Sünden
verleihe uns der allmächtige, barmherzige Gott.
In deine Hände, Herre Gott, befehle ich meinen Geist,
in deine Hände, Herre Gott, befehle ich meinen Geist.
Du hast uns erlöst, Herr, du treuer Gott,
dir befehle ich meinen Geist.
Behüte uns wie einen Augapfel im Auge,
beschirme uns unter dem Schatten deiner Flügel.
Hilf uns, Herr, wenn wir wachen,
und behüte uns, wenn wir schlafen,
auf daß wir wachen mit Christus
und im Frieden ruhen.

Segen

Der Segen wird (vom Frauenkreis) gesungen. Dabei fassen sich die Gottesdienstbesucher/-innen gegenseitig an den Händen.

Bleibend

Gottesdienst zu Psalm 61, 5

*„Laß mich wohnen in deinem Zelte ewiglich
und Zuflucht haben unter deinen Flügeln."*

Liebe Gemeinde!
Es gibt ein Wort in der Bibel, im Psalter, das zu meinen Lieblingsworten gehört. Es ist ein kleines, kurzes Gebet. Es lautet:

*„Laß mich wohnen in deinem Zelte ewiglich
und Zuflucht haben unter deinen Flügeln."*

Eine Bitte an Gott, eine Lebensbitte, ein Gebet an den Gott, der Himmel und Erde gemacht hat. Was besagt dieser Vers? Worum bittet der Beter oder die Beterin aus alter Zeit?

„Laß mich": Das bedeutet soviel wie: Gewähre, erlaube mir, laß es zu, Gott.

„Laß mich wohnen": Gewähre mir, Wurzeln zu schlagen, geborgen zu sein bei dir, laß mich bei dir ein Dach über dem Kopf finden; einen Ort, zu dem ich gerne hingehe, wo du selbst zu finden bist; einen Ort des Feierns und der Ruhe; einen Ort, wo ich trauern und weinen kann. Einen Ort, an dem ich zu mir selbst kommen kann, an dem ich bei mir selbst zu Hause sein kann.

„Laß mich wohnen in deinem Zelte": Vielleicht kennen Sie das aus Ihrer Jugendzeit: mit dem Zelt unterwegs zu sein, es aufzuschlagen, wo Sie Rast machen wollten, und es dann wieder abzubauen und weiterzuziehen.

Der Beter bittet: *„Laß mich wohnen in deinem Zelte ewiglich, o Gott."* Dieses Bild stammt aus der frühen Geschichte des Volkes Israel. Da lebten die Menschen in Zelten, sie waren Nomaden, zogen mit ihren Viehherden von einer Wasserstelle zur anderen, blieben dort einige Zeit und wanderten weiter. Das Zelt war ihre Wohnung, ihr Schutzraum gegen Kälte und Nässe. Hier versammelte sich die Sippe. Das Zelt war der ruhende Pol, das Zentrum, von dem das Leben ausging und wo es sich wieder sammelte.

Beim Aufbruch wird das Zelt mitgenommen. Darum wurde das Zelt für das Volk Israel zum Zeichen für den mitgehenden, begleitenden Gott.

„Laß mich wohnen in deinem Zelte ewiglich" meint dann: Gott, laß mich bei dir Schutz finden gegen die äußeren Widerwärtigkeiten. Laß mich bei dir Lebendigkeit finden; die Ruhe, mich zu sammeln und bei mir zu sein. Laß mich den Mut finden, auch in der Krankheit Neues zu entdekken, weil du mitgehst.

„Laß mich wohnen in deinem Zelte." Das Zelt gehört nicht uns, wir können es nicht selber machen, ein anderer hat es für uns aufgestellt, hat dort Raum für uns und lädt uns zu sich ein.

Das feiern wir nachher im Abendmahl: daß Gott uns zu sich einlädt, uns zu Tisch bittet, wir seine willkommenen Gäste sind.

Unser kleines Gebet hat noch einen zweiten Teil:

„Laß mich Zuflucht haben unter deinen Flügeln." Zuflucht haben. Manche wissen um solche lebensrettenden Orte oder Menschen. Zuflucht finden heißt: geschützt, sicher sein, wo meine Feinde mich nicht erreichen können. Zuflucht kommt ja von Flucht, von hinfliehen. Wo ich Zuflucht finde, da endet meine Flucht. Manche von Ihnen kennen das ja: Flucht im Krieg, vor Gefahren, vor Verfol-

gung. Heute sind wir manchmal innerlich auf der Flucht. Auf der Flucht vor uns selbst, vor unangenehmen Erinnerungen, vor der Wahrheit, manchmal auch vor Menschen, denen wir etwas schuldig geblieben sind. Manchmal fliehen wir auch vor Gott selbst.
„Laß mich Zuflucht haben unter deinen Flügeln."
Ich stelle mir die weit ausgebreiteten Schwingen eines großen Vogels vor, wie er seine Jungen darunter versteckt, sie wärmt, sie behütet, ihnen durch seine Nähe Liebe erweist. Darum bittet dieses Gebet: Gott, laß mich so wie die jungen Vögel bei dem Muttertier bei dir all die Geborgenheit finden, die ich brauche.
Vielleicht spricht Sie die Bildersprache dieses Gebetes an, und es findet einen Platz in Ihrem Tagesablauf, während Sie im Krankenhaus sind.

„Laß mich wohnen in deinem Zelte ewiglich
und Zuflucht haben unter deinen Flügeln."

Und der Friede Gottes, der höher ist als alle unsere Vernunft, der bewahre euer Herz und eure Sinne in Christus Jesus. Amen

Erläuterungen und Materialien
Zu Beginn des Gottesdienstes kann man Teile aus dem 61. Psalm und/oder ein Eingangsgebet verwenden.

Psalm 61 (in Auswahl)
Höre, Gott, mein Schreien und merke auf mein Gebet!
  Vom Ende der Erde rufe ich zu dir;
denn mein Herz ist in Angst;
  du wollest mich führen auf einen hohen Felsen.
Denn du bist meine Zuversicht,
  ein starker Turm vor meinen Feinden.
Laß mich wohnen in deinem Zelte ewiglich
  und Zuflucht haben unter deinen Flügeln.

Eingangsgebet[4]
Der Du da bist
für uns
Schau
wie sehr wir gefallen sind
und befreie uns

Der Du da sein wirst
für uns
Nimm weg
unsere Angst vor der Zukunft
und führ uns in Dein Land

Der Du gehst
mit uns
Laß uns spüren
daß Du da bist
und bleib bei uns

Als Lesung ist Röm 8, 35–39 geeignet. Die Lesung kann von einem Lied eingerahmt werden.

Lied: EG 474, 1–2 „Mit meinem Gott geh ich zur Ruh"

Lesung: Röm 8, 35–39

Lied: EG 474, 3 „Mit meinem Gott geh ich zur Ruh"

Fürbitten
Die Gemeinde stimmt jeweils in den Ruf *„Herr, erbarme dich"* mit ein.

Barmherziger Gott,
wir bitten dich, daß unser Leben bei dir Schutz und Heimat findet.
Wir rufen zu dir: *Herr, erbarme dich.*
Wir bitten dich für alle Menschen,
die in diesem Haus arbeiten.
Laß sie Zuflucht finden, wenn die Arbeit zu schwer wird,
wenn das tägliche Anschauen von Leiden ihre Seelen zerfrißt.
Wir rufen zu dir: *Herr, erbarme dich.*
Wir bitten dich für die Kranken, die Einsamen,
die Verzweifelten.
Laß sie Zuflucht finden in deiner Liebe,
laß sie Geborgenheit finden in deiner Treue.
Wir rufen zu dir: *Herr, erbarme dich.*
Wir bitten dich für die Sterbenden.
Laß sie wohnen in deinem Zelte ewiglich,
tröste und begleite sie mit deiner guten Nähe.
Wir rufen zu dir: *Herr, erbarme dich.*
Wir bitten dich in der Stille für die Menschen,
die uns persönlich am Herzen liegen.

STILLE

Wir rufen zu dir: *Herr, erbarme dich.*
Das bitten wir dich durch Christus, unseren Herrn.

Schlußlied: EG 477, 8–9 „Nun ruhen alle Wälder“

Was bleibt

Gottesdienst an Silvester/Altjahrsabend zu Psalm 103, 8

„Barmherzig und gnädig ist der Herr,
geduldig und von großer Güte."

Liebe Gemeinde!
Altjahrsabend – das ist so ein Zeitpunkt, wo der Blick zurückschweift auf das vergangene Jahr: was gewesen ist an Schönem, wofür ich dankbar bin, worüber ich staunen kann. Wieviel so ein Jahr in sich birgt: auch an Enttäuschungen, an Schmerz, was ich loslassen mußte, wo ich schuldig geworden bin, wo Leben ungelebt blieb.
Altjahrsabend – das ist auch ein Tag, an dem wir nach vorne schauen: vielleicht in Vorfreude auf ein bevorstehendes Fest, auf das, was Sie sich vorgenommen haben; vielleicht aber auch in Sorge darüber, was auf Sie zukommen mag – persönlich oder weltweit.

Ich stelle mir vor, Sie erleben den Jahreswechsel hier im Krankenhaus ganz anders, als Sie es gewöhnt sind. Als ich diesen Gottesdienst vorbereitete, überlegte ich, welcher Vers, welches Wort zu diesem Abend paßt; zu diesem Tag, der in so eigentümlicher Weise auch Wendezeit ist.
Mir fiel der Vers aus dem 103. Psalm ein, den ich Ihnen ganz am Anfang des Gottesdienstes gesagt habe:

„Barmherzig und gnädig ist der Herr,
geduldig und von großer Güte."

In diese Zusage kann ich mein persönliches, individuell erlebtes Jahr ... (Jahreszahl einsetzen) zurücklegen: die Fragen, die ohne Antwort blieben; die Situationen, in denen ich mir selbst fremd war; die Wünsche und Träume, die sich nicht erfüllt haben. Über all dem steht: Gott ist barmherzig, er versteht mich zutiefst, er kennt meine schwachen, wunden Stellen und bedeckt sie.

Es mag mir in diesen Tagen, an denen sich das alte Jahr seinem Ende zuneigt, auch bewußt werden, daß ich hinter dem zurückgeblieben bin, was mir zu tun aufgegeben war; daß andere durch mein Verhalten zu Schaden gekommen sind – an Leib oder Seele; daß ich an der Verantwortung gegenüber mir selbst schuldig geworden bin. Und dann darf ich hören, daß über all dem der Zuspruch steht: Gott ist gnädig. Er handelt nicht mit uns nach unseren Sünden und vergilt uns nicht nach unserer Missetat. Da ist einer, ein Höherer, der Schuld Schuld nennt und mich dann davon freispricht; der es möglich macht, noch einmal ganz von vorne zu beginnen – ohne rote Zahlen, ohne Vorwürfe, ohne Wenn und Aber.

Vielleicht sind Sie in den Tagen der Krankheit innerlich müde geworden, ungeduldig mit sich selbst: „Es muß doch bald mal besser werden! Warum tut sich nichts? Wie lange noch?" Und dann heißt es: Gott ist geduldig. Das ist für mich ein wunderbarer Satz. Gott ist geduldig. Einer hält bei mir aus. Auch wenn ich mich selber nicht mehr aushalten kann, einer, Gott selbst hält bei mir aus. Wenn die anderen wenig Zeit haben: Einer ist nicht in Eile. Er hat Geduld mit meinen Tränen, mit der Verzweiflung, mit den immer wiederkehrenden Fragen.

„Barmherzig und gnädig ist der Herr,
geduldig und von großer Güte."

Dieser Vers ist für mich wie eine Klammer für den Übergang vom alten zum neuen Jahr. Wenn es eine Gewißheit

für das Jahr … (Jahreszahl einsetzen) gibt, dann ist es die, daß Gott barmherzig und gnädig, geduldig und von großer Güte ist und bleibt.
Auf diese Zusage hin kann ich dann Gott mein persönliches Jahr …. (Jahreszahl einsetzen) hinlegen: mit all dem, was darin für mich werden wird. Ich kann ihm diese zerrissene, gequälte Welt hinhalten in dem Vertrauen, daß er gnädig und barmherzig mit ihr sein wird.

Wir feiern heute am Jahreswechsel miteinander Abendmahl. Das Abendmahl ist das Sakrament der Wegstärkung. So paßt es gut in diesen Abend des Übergangs. Im Abendmahl kommt Christus selbst in Brot und Traubensaft zu uns, um uns zu trösten, zu stärken, um uns schmecken zu lassen, daß er gnädig und barmherzig, geduldig und von großer Güte ist.

Ich wünsche Ihnen, daß Sie im Rückblick auf Ihr persönliches Leben Spuren des barmherzigen Gottes darin entdecken und daß Sie sich im neuen Jahr ab und zu daran erinnern, wie unser Gott ist:

„Barmherzig und gnädig ist der Herr,
geduldig und von großer Güte."

Und der Friede Gottes, der höher ist als alle unsere Vernunft, der bewahre euer Herz und eure Sinne in Christus Jesus. Amen

Erläuterungen und Materialien

Der Silvestergottesdienst findet am Abend um 18.30 Uhr in der Krankenhauskapelle statt. Erfahrungsgemäß ist er gut besucht. Oft begleiten Angehörige ihre Kranken zum Gottesdienst und feiern mit.

Für diesen Gottesdienst kann eine Faltkarte oder ein Faltblatt vorbereitet werden, das dann am Ausgang zum Mitnehmen verteilt wird.

1. Seite: Bildmotiv und Aufschrift „Evangelischer Gottesdienst zur Jahreswende am 31. 12. …"
2. Seite: freilassen
3. Seite: Inschrift „Eine Zusage für das Jahr …: Barmherzig und gnädig ist der Herr, geduldig und von großer Güte (Psalm 103, 8)."
4. Seite: Zwei Strophen aus dem Lied „Der du die Zeit in Händen hast" von Jochen Klepper (EG 64, 1+6):

Der du die Zeit in Händen hast,
Herr, nimm auch dieses Jahres Last
und wandle sie in Segen.
Nun von dir selbst in Jesus Christ
die Mitte fest gewiesen ist,
führ uns dem Ziel entgegen.

Der du allein der Ewge heißt
und Anfang, Ziel und Mitte weißt
im Fluge unsrer Zeiten:
bleib du uns gnädig zugewandt
und führe uns an deiner Hand,
damit wir sicher schreiten.

Lieder: EG 58, 1–3.6–7 „Nun laßt und gehn und treten"
EG 63, 1+6 „Das Jahr geht still zu Ende"
EG 347, 1.4.6 „Ach bleib mit deiner Gnade"

Psalm 103 (in Auswahl)

Der 103. Psalm kann im Wechsel von Gemeinde und Liturg/-in im Eingangsteil oder nach der Predigt gesprochen werden.

Barmherzig und gnädig ist der Herr,
geduldig und von großer Güte.
  Er wird nicht für immer hadern
  noch ewig zornig bleiben.
Er handelt nicht mit uns nach unsern Sünden
und vergilt uns nicht nach unsrer Missetat.
  Denn so hoch der Himmel über der Erde ist,
  läßt er seine Gnade walten über denen, die ihn fürchten.
So fern der Morgen ist vom Abend,
läßt er unsre Übertretungen von uns sein.
  Lobe den Herrn, meine Seele,
  und was in mir ist, seinen heiligen Namen!
Lobe den Herrn, meine Seele,
und vergiß nicht, was er dir Gutes getan hat:
  der dir alle deine Sünde vergibt
  und heilet alle deine Gebrechen,
der dein Leben vom Verderben erlöst,
der dich krönet mit Gnade und Barmherzigkeit,
  der deinen Mund fröhlich macht
  und du wieder jung wirst wie ein Adler.
Barmherzig und gnädig ist der Herr,
geduldig und von großer Güte.

Eingangsgebet
Barmherziger Gott, wir danken dir für das vergangene Jahr: daß du bei uns geblieben bist in guten und in schlechten Tagen. Wir geben dir mit Dank diese Zeit zurück, die du uns geschenkt hast. Stärke uns an diesem Abend mit deiner Gegenwart und hilf uns, auch im kommenden Jahr deiner Treue und Güte zu vertrauen. Das bitten wir dich durch Christus, deinen Sohn, der mit dir und dem Heiligen Geist lebt und regiert von Ewigkeit zu Ewigkeit.

An dieses Eingangsgebet kann sich ein gesungenes Kyrie anschließen.

Fürbitten (EG 58, 8–15)
Als Fürbittengebet können die letzten Strophen des Liedes „Nun laßt uns gehn und treten" (EG 58) verwendet werden. Die Strophen 8–13 werden im Wechsel von Gemeinde und Liturg/-in oder im Wechsel von zwei Gemeindeteilen gebetet. Die beiden letzten Strophen (14–15) singen alle zusammen.

Strophen 8–13:
Laß ferner dich erbitten, o Vater, und bleib mitten
in unserm Kreuz und Leiden ein Brunnen unsrer Freuden.
  Gib mir und allen denen, die sich von Herzen sehnen
  nach dir und deiner Hulde, ein Herz, das sich gedulde.
Schließ zu die Jammerpforten und laß an allen Orten
auf so viel Blutvergießen die Freudenströme fließen.
  Sprich deinen milden Segen zu allen unsern Wegen,
  laß Großen und auch Kleinen die Gnadensonne
  scheinen.
Sei der Verlassnen Vater, der Irrenden Berater,
der Unversorgten Gabe, der Armen Gut und Habe.

Hilf gnädig allen Kranken, gib fröhliche Gedanken
den hochbetrübten Seelen, die sich mit Schwermut
quälen.

Strophen 14–15:
Und endlich, was das meiste, füll uns mit deinem Geiste,
der uns hier herrlich ziere und dort zum Himmel führe.

Das alles wollst du geben, o meines Lebens Leben,
mir und der Christen Schare zum sel'gen neuen Jahre.

Von guten Mächten

Gottesdienst zu Psalm 130

„Aus der Tiefe rufe ich, Herr, zu dir."

Liebe Gemeinde!
Die Frage nach dem Leiden ist so alt wie die Menschheit selber. Zu allen Zeiten haben Menschen gelitten, haben sie ihr Leiden mit ihrem Glauben, ihrer Religion in Beziehung zu setzen versucht.
Auch in diesem Haus wird oft die Frage nach dem Leiden gestellt. Warum muß ich so leiden? Warum geschieht mir das? Warum läßt Gott es zu? Womit habe ich das verdient?
Bei den Gesprächen an den Krankenbetten höre ich dann verschiedene Antworten auf diese Fragen. Manche verstehen ihre Krankheit als eine Strafe Gottes. Sie suchen nach Versagen und Schuld in ihrem Leben, um damit ihre Krankheit als Strafe zu erklären. Andere verstehen ihr Kranksein als Stoppschild, als Warnung, um ihren gewohnten Lebensstil zu unterbrechen, um vielleicht eine neue, gesündere Lebensweise zu suchen und auszuprobieren. Wieder andere empfinden einen Krankenhausaufenthalt als Demütigung, die sie neben dem Erfolg auch die andere Seite des Lebens kennenlernen läßt. Oft begegnet mir auch, daß Menschen meinen, sie seien krank geworden, damit sie irgend etwas lernen sollen.
Vielleicht haben Sie sich auch schon mit der einen oder anderen Frage herumgeschlagen und haben die eine oder andere Antwort für sich überdacht.
Der christliche Glauben erzählt von einem ganz anderen Weg, die Erfahrung von Leiden und die Frage nach Gott zusammenzubringen. Die Antwort finden wir im Betrachten des leidenden Christus. Im Leben, und vor allem

im Leiden und Sterben dieses Jesus von Nazareth wird Gottes Antwort ablesbar. Gott wohnt nicht weit weg im Himmel, erhaben über alle Schmerzen, sondern in dem Menschen Jesus von Nazareth ist Gott schmerzempfindlich geworden. Gott gibt eine andere Antwort auf das Leiden. Er spricht:
„Ich kenne das Leid, die Schmerzen, das Abgesondertsein, das Ausgeliefertsein. In Christus bin ich selber den Weg des Leidens bis ans Ende, bis in die Gottverlassenheit, bis in den Tod gegangen. Ich bin mit dir in deinem Leben. Ich entziehe dir meine Gegenwart nicht. Meine Liebe bleibt mit dir – im Leben und im Sterben."
Diese Zusage Gottes leuchtet auch aus dem Leben eines Mannes hervor, der im Gefängnis saß und dem Naziterror ausgeliefert war und in all dem etwas spürte von der Gegenwart Gottes. In einem Gedicht hat er seine Erfahrungen ausgedrückt. Das Gedicht heißt „Von guten Mächten" und stammt von Dietrich Bonhoeffer.

„Von guten Mächten wunderbar geborgen
erwarten wir getrost, was kommen mag.
Gott ist mit uns am Abend und am Morgen
und ganz gewiß an jedem neuen Tag."

Bonhoeffer spricht von den guten Mächten, die ihn trotz äußerer Bedrohung umgeben. Hier wird eine Erfahrung beschrieben, die logisch nicht zu erklären, nicht zu beweisen und trotzdem wahr ist. Viele Menschen haben in den unterschiedlichsten Bedrohungen diese Erfahrung gemacht, daß sie mitten in dem Schrecklichen auf geheimnisvolle Weise um die Nähe eines anderen, eines Höheren wußten; daß sie sich in der Nähe dieses anderen geborgen, aufgehoben fühlten; daß sie sich als den „guten Mächten" zugehörig erlebten.

„Noch will das Alte unsre Herzen quälen,
noch drückt uns böser Tage schwere Last.
Ach, Herr, gib unsern aufgeschreckten Seelen
das Heil, für das du uns geschaffen hast."

Bonhoeffer wußte um die bittere Tatsache, daß Schmerz, Last und Böses zur Wirklichkeit gehören. Daß das Leben dieser Wirklichkeit nicht entfliehen kann. Und doch schaut Bonhoeffer weiter, tiefer, sucht und entdeckt das Gute, das Gott für diese Welt will.

Aus seinem Glauben an den barmherzigen und treuen Gott wagt der Häftling Bonhoeffer einen Blick auf das Gute. Er weiß um das Heil Gottes für alle Welt, das auch durch Terror, durch Krankheit und Ungerechtigkeit nicht aufgehoben wird. Er schaut auf das Ziel aller Sehnsucht, allen Lebens, das allen Schmerz umschließt und umfängt. Mit einem Seufzer fleht er zu Gott: „Ach, Herr, gib unsern aufgeschreckten Seelen das Heil, für das du uns geschaffen hast."

„Wenn sich die Stille nun tief um uns breitet,
so laß uns hören jenen vollen Klang
der Welt, die unsichtbar sich um uns weitet,
all deiner Kinder hohen Lobgesang."

Schmerz und Leiden werden individuell erfahren. Jeder und jede hat seine eigene Geschichte damit, ein unterschiedliches Maß, was aushaltbar ist und was nicht. Und doch ist zu beobachten, daß Leiden Gemeinschaft bildet. Nicht umsonst sagt das Sprichwort: Geteiltes Leid ist halbes Leid. Daß ich nicht total allein bin mit meinem Leiden, daß andere unter dem gleichen leiden, daß andere mein Leiden mit tragen, daß Gott selbst mein Leiden anschaut, darin liegt eine sonderbare Kraft.

Bonhoeffer beschreibt das als die unsichtbare Welt um uns herum. Die Leidenden, die Einsamen, die Gefangenen sind umgeben vom Heiligen, sind eingebunden in Gottes Gemeinde. Diese Gemeinschaft aller Glaubenden zu allen Zeiten kann gegenwärtig erlebt werden – im Krankenzimmer, bei einem Gespräch, beim Singen oder Summen eines Liedes, hier beim gemeinsamen Gottesdienstfeiern in der Kapelle, beim Lesen oder beim Stillewerden und Sammeln vor einer Operation. Manchmal erzählen mir Menschen, wie sehr es sie tröstet und beruhigt zu wissen, daß jemand für sie die Hände faltet und betet. Da spüren sie etwas von „der Welt, die unsichtbar sich um uns weitet".

Wenn wir miteinander Abendmahl feiern, geschieht etwas davon auf andere, leibliche Weise. In Brot und Traubensaft schmecken wir Gottes Gegenwart. Im Teilen von Brot und Traubensaft vollziehen wir erneut unsere Zusammengehörigkeit, unser Teilhaben am Leid und an der Freude der anderen. Mit dem Empfangen von Leib und Blut Christi sind wir in das Heilshandeln Gottes mit eingewoben, werden wir in die Bewegung von Tod und Auferstehung Jesu Christi mit hineingenommen. Im Abendmahlfeiern verlieren wir unsere Isolation, gehören wir zur Gemeinschaft der Heiligen: derer, die leben, und derer, die uns vorangegangen sind. Im Glauben an den lebendigen Gott gehören wir zusammen: die, die hier in der Kapelle sind, und die, die fern sind.

Wir feiern Abendmahl: Mitten im Leiden, mitten in der Not feiern wir die Gegenwart Gottes und die Gemeinschaft mit den Menschen. So lassen Sie uns das miteinander tun.

Und der Friede Gottes, der höher ist als all unsere Vernunft, der bewahre eure Herzen und Sinne in Christus Jesus, unserem Herrn. Amen

Erläuterungen und Materialien

Wenn kein Abendmahl vorgesehen ist, kann der letzte Abschnitt der Predigt entfallen. Die einzelnen Abschnitte zu den Gedichtstrophen können ggf. etwas gekürzt werden. Die längere Form bietet Formulierungsvorschläge, die auch zu eigenen Aussageformen anregen sollen.

Den 130. Psalm gibt es als sechsseitiges Faltblatt unter dem Titel „Ich kann nicht mehr beten" bei der Deutschen Bibelgesellschaft, Reihe: Für die Seelsorge, Stuttgart 1990 (zur Zeit vergriffen). Das Faltblatt kann im Gottesdienst zum gemeinsamen Beten des Psalms (evtl. im Wechsel von Liturg/-in und Gemeinde) benutzt und als Hilfe oder Anregung zum Beten mitgenommen werden.

Eingangslied: EG 361, 1–2 „Befiehl du deine Wege"
Schlußlied: EG 358, 1–2 „Es kennt der Herr die Seinen"

Psalm 130 (EG 755)

Aus der Tiefe rufe ich, Herr, zu dir. Herr, höre meine Stimme!
Laß deine Ohren merken auf die Stimme meines Flehens!
  Wenn du, Herr, Sünden anrechnen willst –
  Herr, wer wird bestehen?
Denn bei dir ist die Vergebung,
daß man dich fürchte.
  Ich harre des Herrn, meine Seele harret;
  und ich hoffe auf sein Wort.
Meine Seele wartet auf den Herrn mehr als die Wächter auf den Morgen;
mehr als die Wächter auf den Morgen hoffe Israel auf den Herrn!
  Denn bei dem Herrn ist die Gnade und viel Erlösung bei ihm.
  Und er wird Israel erlösen aus allen seinen Sünden.

Eingangsgebet

Als Eingangsgebet können einige Strophen aus dem Bonhoeffer-Gedicht oder die folgenden Liedstrophen (EG 371, 1.3.5) verwendet werden.

Gib dich zufrieden und sei stille in dem Gotte deines Lebens!
In ihm ruht aller Freuden Fülle, ohn ihn mühst du dich vergebens;
er ist dein Quell und deine Sonne,
scheint täglich hell zu deiner Wonne.
Gib dich zufrieden!

Wie dir's und andern oft ergehe, ist ihm wahrlich nicht verborgen;
er sieht und kennet aus der Höhe der betrübten Herzen Sorgen.
Er zählt den Lauf der heißen Tränen
und faßt zuhauf all unser Sehnen.
Gib dich zufrieden!

Er hört die Seufzer deiner Seelen und des Herzens stilles Klagen,
und was du keinem darfst erzählen, magst du Gott gar kühnlich sagen.
Er ist nicht fern, steht in der Mitten,
hört bald und gern der Armen Bitten.
Gib dich zufrieden!

Es ist ebenfalls möglich, eine Karte oder ein schön gestaltetes Blatt mit dem Bonhoeffer-Gedicht vorzubereiten. Postkarten mit dem Bonhoeffer-Text gibt es im Buchhandel.

Je nach musikalischen Möglichkeiten kann der Bonhoeffer-Text auch gesungen werden – von der Gemeinde,

von einer Gruppe aus der Gemeinde oder als Solo. Verschiedene Vertonungen sind in den üblichen Liedersammlungen bzw. Gesangbüchern zugänglich.
Ebenso wäre es denkbar, eine Vertonung des 130. Psalm von einem Chor (live) oder von Kassettenrecorder bzw. CD-Player erklingen zu lassen. Damit wäre ein direktes Anknüpfen an „jenen vollen Klang der Welt, die unsichtbar sich um uns weitet" möglich.

Fürbitten[5]
Barmherziger Gott,
wir bitten dich für alle Menschen, die den Tag im Streit beendet haben.
Zeige uns allen Wege zum Frieden auf dieser Erde.

Wir bitten dich für alle, die jetzt arbeiten,
für alle, die auf den Straßen fahren,
für alle, die in den Krankenhäusern wachen.

Wir bitten dich für alle, die keinen Schlaf finden,
für die Kranken und Schwermütigen,
die Verlassenen und Gefangenen.

In der Stille sagen wir dir das, was uns persönlich auf dem Herzen liegt.

STILLE

Du wachst, barmherziger Gott, mit den Wachenden.
Du bist der Schlaf der Schlafenden.
Und das Leben der Sterbenden.

Auftrieb

Gottesdienst zu Jesaja 40, 27–31

Liebe Gemeinde!
Es gibt Sternstunden im Leben: Momente voller Glück, voller Freude und Zufriedenheit. Auch in unserem Glaubensleben gibt es solche Augenblicke. Da öffnet sich für uns der Himmel, da spüren wir Gott ganz nah, da empfinden wir die Nähe geliebter Menschen als beglückend. – Doch solche Stunden sind selten.
Der überwiegende Teil unserer Zeit besteht aus Normalem, Alltäglichem, aus Situationen, die sich wiederholen. Krankheit, Ängste, Kraftlosigkeit und Verzweiflung – immer wieder kehren sie in unserem Leben ein. Sie gehören zum Alltäglichen. Die Fragen nach der Zukunft: Was wird aus mir? Aus meiner Familie? Wo ist Gott angesichts der gegenwärtigen Belastung und Bedrohung meines Lebens?

Das Volk Israel saß in der Gefangenschaft, weit weg von der Heimat, in einem fremden, feindlichen Land nach einem verlorenen Krieg. Das Volk rechnete nicht mehr mit Gott. „Gott hat uns vergessen", so dachten sie. „Gott? Ach, der kann nichts mehr für uns tun. Wir haben uns geirrt. Wir haben auf den Falschen gehofft." So dachte und fühlte das Volk Israel.
In diese von außen und von innen bedrängende Situation hinein schickt Gott seinen Propheten mit einer Verheißung. So spricht der Prophet zum Volk:

„Warum sprichst du denn, Jakob, und du, Israel, sagst: ‚Mein Weg ist dem Herrn verborgen, und mein Recht geht vor meinem Gott vorüber'?

Weißt du nicht? Hast du nicht gehört? Der Herr, der ewige Gott, der die Enden der Erde geschaffen hat, wird nicht müde noch matt, sein Verstand ist unausforschlich.
Er gibt dem Müden Kraft und Stärke genug dem Unvermögenden. Männer werden müde und matt, und Jünglinge straucheln und fallen; aber die auf den Herrn harren, kriegen neue Kraft, daß sie auffahren mit Flügeln wie Adler, daß sie laufen und nicht matt werden, daß sie wandeln und nicht müde werden."

Neue Kraft wird da verheißen. Auftrieb von unten nach oben. Durchhaltevermögen für den Weg. Die, die auf Gott harren, die auf Gott warten, ihm etwas zutrauen, die machen die Erfahrung, daß es weitergeht, daß sie Mut gewinnen zum nächsten Schritt. Hoffnung bricht auf, daß sich etwas zum Guten verändert. Aber auch Geduld, die gegenwärtige Situation auszuhalten, zu bleiben, zu bleiben bei Gott – auch wenn er sich nicht so zeigt, wie man sich das wünscht.
Die auf den Herrn harren, schöpfen neue Kraft. Das geschieht meistens ganz unspektakulär. Es geschieht unscheinbar, verborgen, manchmal so, daß ich es selber zunächst gar nicht merke, doch andere mich darauf ansprechen. Gott gibt neue Kraft – zum Weitermachen, zum Bleiben, zum Hoffen, zum Glauben.

Dabei hilft es mir, mich zu erinnern, es noch mal neu zu durchleben, wann und wo ich einmal Gottes Nähe, Gottes Hilfe erfahren habe. Wann war das? In welcher Situation war ich damals? Wo war es? Wie habe ich die Hilfe erfahren? Es ist eine gute Übung, sich solche Momente noch einmal zu vergegenwärtigen, daraus Mut und Kraft für die Gegenwart zu schöpfen.

Es kann aber auch sein, daß mit der Zeit etwas zwischen mich und Gott getreten ist. Es kann sein, daß ich Dinge in Ordnung bringen muß, die in Unordnung geraten sind. Es ist möglich, daß wir uns durch solche Unordnung, durch Schuld, die wir auf uns geladen haben, von Gott entfernt haben. Dann sind wir eingeladen umzukehren, zurück zu Gott zu gehen, zurück in seine erbarmenden Hände, zurück unter sein Verheißungswort, unter seine Zusage: Ich habe dich lieb, ich halte dich – egal, was da war und was da kommt.

Vielleicht fragen Sie sich, wie das denn geht, zu Gott zurückzugehen?
Es gibt verschiedene Möglichkeiten: Sie können ganz still für sich ein Gespräch mit Gott beginnen und ihm sagen, was Sie auf dem Herzen haben. Oder Sie bitten das Pflegepersonal, daß ein Seelsorger, eine Seelsorgerin Sie für ein Gespräch besuchen möge. Es ist auch möglich, mit Ihnen am Bett das Abendmahl zu feiern. Wenn Sie das wünschen, lassen Sie es uns wissen.

Ich wünsche Ihnen diese gute Erfahrung mit unserem Gott:
„Er gibt dem Müden Kraft und Stärke genug dem Unvermögenden.
Die auf den Herrn harren, kriegen neue Kraft, daß sie auffahren mit Flügeln wie Adler,
daß sie laufen und nicht matt werden, daß sie wandeln und nicht müde werden."

Darin seien Ihr Herz und Ihre Sinne bewahrt und behütet vom Frieden Gottes, der höher ist als all unsere Vernunft.
Amen

Erläuterungen und Materialien

Lieder: EG 361, 1.6–8 „Befiehl du deine Wege“
EG 362 „Ein feste Burg“
EG 365 „Von Gott will ich nicht lassen“
EG 371 „Gib dich zufrieden“
EG 374 „Ich steh in meines Herren Hand“

Psalm 84 (in Auswahl)
Wie lieb sind mir deine Wohnungen, Herr Zebaoth!
Meine Seele verlangt und sehnt sich nach den Vorhöfen des Herrn;
    mein Leib und Seele freuen sich
    in dem lebendigen Gott.
Der Vogel hat ein Haus gefunden
und die Schwalbe ein Nest für ihre Jungen –
    deine Altäre, Herr Zebaoth,
    mein König und mein Gott.
Wohl denen, die in deinem Hause wohnen;
die loben dich immerdar.
    Wohl den Menschen, die dich für ihre Stärke halten
    und von Herzen dir nachwandeln!
    Wenn sie durchs dürre Tal ziehen,
    wird es ihnen zum Quellgrund,
    und Frühregen hüllt es in Segen.
Sie gehen von einer Kraft zur andern
und schauen den wahren Gott in Zion.
    Herr, Gott Zebaoth, höre mein Gebet;
    vernimm es, Gott Jakobs!
Denn Gott der Herr ist Sonne und Schild;
der Herr gibt Gnade und Ehre.
Er wird kein Gutes mangeln lassen den Frommen.
    Herr Zebaoth, wohl dem Menschen,
    der sich auf dich verläßt!

Eingangsgebet[6]

Du Grund
aus dem ich lebe
Der Glaube in mir –
welke Blumen!
Die Hoffnung in mir –
lahme Flügel!
Die Liebe in mir –
ein erloschenes Feuer!
Ich will wieder Wurzel schlagen in Dir
Laß die Blumen blühen
  die Flügel schwingen
  das Feuer brennen
Du Grund
aus dem ich lebe

Fürbitten[7]

Gott des Himmels und der Erde, deiner Güte vertrauen wir unser Leben an und die Menschen, mit denen wir leben: unter einem Dach, in einer Straße, in einer Familie, in der Gemeinde. Wir denken an die Kranken und an die, welche besorgt um sie sind. Wir denken an die Trauernden, an ihre Erschöpfung und Angst vor dem Alleinsein; Wir denken an die Belasteten, an Gebeugte und Gedemütigte, an Unsichere und Suchende. Gib ihnen Mut, Gott, die Kraft der Hoffnung.

In andere Hände legen

Gottesdienst zum Jahreswechsel zu Jesaja 41, 10

So spricht Gott, der HERR:
„Fürchte dich nicht, ICH bin mit dir;
weiche nicht, denn ICH bin dein Gott.
ICH stärke dich,
ICH helfe dir auch,
ICH halte dich durch die rechte Hand meiner Gerechtigkeit."

Liebe Gemeinde!
Wir gehen auf die Sekunden zu, in denen dieses Jahr .... (Jahreszahl einsetzen) zu Ende geht und ein neues Jahr beginnt. Von alters her verbinden Menschen mit solchen Übergängen Feste. Sie feiern, um sich zu vergegenwärtigen, was da war und was da kommt.
So versammeln auch wir uns heute, um miteinander Gottesdienst zu feiern, um still zu werden, um das Vergangene in einzelnen Stationen noch einmal in Erinnerung zu rufen.
Was da gewesen ist an schönem, geglücktem Leben; wo Sie ganz bei sich waren, wo Ihnen etwas gelungen ist, wo etwas gewachsen ist.
Auch die dunklen, schweren Zeiten gehören dazu. Wir vergegenwärtigen uns, wen und was wir verloren haben; wir denken an die Schmerzen, die sich in Leib und Seele eingegraben haben; wir denken an das, was uns von der Lebendigkeit abhielt, an die bittere Erfahrung von Enttäuschung und Verzweiflung.
So vieles liegt so dicht beieinander in unserem Leben. Der Blick zurück und die Aussicht nach vorn. Wie gern wüßten wir, was auf uns zukommt im neuen Jahr; wie sehr wünschen wir, daß es Gutes sein möge.
Eine kleine Geschichte drückt das folgendermaßen aus:

„Ich sagte zu dem Engel, der an der Pforte des neuen Jahres stand: Gib mir ein Licht, damit ich sicheren Fußes der Ungewißheit entgegengehen kann. Aber der Engel antwortete: Geh nur hin in die Dunkelheit und lege deine Hand in die Hand Gottes. Das ist besser als ein Licht und sicherer als ein bekannter Weg."

Das mag uns vielleicht wenig vorkommen: unsere Hand in Gottes Hand zu legen als einzige Zusage, als einzige Zusicherung für unseren Weg in das neue Jahr.
Doch ganz nüchtern gesehen ist es tatsächlich auch das einzige, womit wir auf unserem Weg mit Gewißheit rechnen können: mit der Treue Gottes.
Vielleicht spüren Sie im Moment am eigenen Leib, an der eigenen Seele, daß so vieles unserem Einfluß, unserem Wollen entzogen ist.
Was für frühere Zeiten galt, daß Gott seine Liebe, seinen Bund mit uns Menschen nicht aufgekündigt hat, das wird auch für das Jahr .... (Jahreszahl einsetzen) gelten. Wir sind und bleiben seine geliebten Kinder. In einem Vers aus dem Jesajabuch ist das anschaulich gesagt:

So spricht Gott, der HERR:
„Fürchte dich nicht, ICH bin mit dir;
weiche nicht, denn ICH bin dein Gott.
ICH stärke dich,
ICH helfe dir auch,
ICH halte dich durch die rechte Hand meiner Gerechtigkeit."

Ich möchte Ihnen diesen Vers sozusagen als „Konfirmationsspruch" für das Jahr ... (Jahreszahl einsetzen) mitgeben. Confirmatio – das bedeutet Befestigung, Beruhigung, Ermutigung und Trost. Ich lese Ihnen diese Worte noch einmal vor:

So spricht Gott, der HERR:
„Fürchte dich nicht, ICH bin mit dir;
weiche nicht, denn ICH bin dein Gott.
ICH stärke dich,
ICH helfe dir auch,
ICH halte dich durch die rechte Hand meiner Gerechtigkeit."

Darum ist es möglich, seine Hand in die Hand Gottes zu legen und dann getrost in die Dunkelheit zu gehen – wie der Engel sagte –, weil Gott uns heute abend diese Zusage gibt.

„Fürchte dich nicht, ICH bin mit dir": In aller Einsamkeit, in allem Schmerz, in aller Ungewißheit – Gott selbst ist mit dir.

„Weiche nicht, denn ICH bin dein Gott": Wirf dein Vertrauen auf Gott nicht weg; bleib bei dem Guten, das du erkannt hast; räume deinen Platz nicht für das Böse, sondern bleibe standhaft, denn in all dem steht Gott auf deiner Seite.

„ICH stärke dich,
ICH helfe dir auch,
ICH halte dich durch die rechte Hand meiner Gerechtigkeit."

Möge diese Zusage Sie auf allen Ihren Wegen im neuen Jahr begleiten.
(Amen)

Sie halten eine kleine Kerze in der Hand. Diese Kerze kann ein Symbol sein, ein Zeichen für etwas aus unserem Leben oder sogar für unser ganzes Leben.

Ich werde gleich mit der großen Osterkerze herumgehen, und dann können Sie am Osterlicht, am Auferstehungsfeuer Ihre kleine Kerze entzünden – als Zeichen: Von Gottes Leben, von Gottes Licht und Lebendigkeit leben wir.
Und dann können Sie Ihre brennende Kerze still auf den Altar stellen oder stellen lassen und damit zum Ausdruck bringen, was Ihnen jetzt persönlich wichtig ist: Ihren Dank für empfangene Güte im vergangenen Jahr oder eine Herzensbitte für das kommende Jahr. Oder Sie stellen sie als Erinnerungszeichen auf für diesen Abend, für Gottes Zusage oder um damit auszudrücken: Ich lege meine Hand in Gottes Hand – vielleicht zitternd und unsicher, aber ich wage es.
Nur Gott allein weiß, was Ihre Kerze bedeutet. Und das ist gut so. Über Ihrer Kerze und damit über Ihrem Leben steht Gottes Zusage:

„Fürchte dich nicht, ICH bin mit dir;
weiche nicht, denn ICH bin dein Gott.
ICH stärke dich,
ICH helfe dir auch,
ICH halte dich durch die rechte Hand meiner Gerechtigkeit."

Und der Friede Gottes, der höher ist als alle unsere Vernunft, der bewahre euer Herz und eure Sinne in Christus Jesus. Amen

Erläuterungen und Materialien

Die Predigt kann in einer kurzen und langen Fassung verwendet werden. Die kürzere Fassung endet mit dem eingeklammerten „Amen" (S. 58), der darauf folgende Teil entfällt.

Für die längere Version (mit den Kerzen) braucht es zur Vorbereitung genügend viele Teelichter, Streichhölzer, ggf. eine Osterkerze oder Altarkerze und ein Brett. Das Brett kann mit einem Tuch verdeckt werden und kommt auf den Altar als Unterlage für die Teelichter, die nach einiger Zeit sehr heiß werden und ansonsten evtl. den Altar beschädigen könnten.

Am Ausgang des Gottesdienstes kann ein Faltblatt mitgegeben werden, das die Gedanken des Gottesdienstes enthält. Als Beispiel: DIN-A4-Blatt auf die Hälfte gefaltet, so daß vier Seiten entstehen.

1. Seite: Jes 41, 10
2. Seite: Text von Dietrich Bonhoeffer „Von guten Mächten"
3. Seite: Text von Paul Gerhardt „Nun laßt uns gehn und treten" (EG 58, 1–2.6–7)
4. Seite: Text der Geschichte mit dem Engel, die in der Predigt verwendet wird

Psalm 91 (EG 739)

Wer unter dem Schirm des Höchsten sitzt
und unter dem Schatten des Allmächtigen bleibt,
  der spricht zu dem Herrn: Meine Zuversicht und meine Burg, mein Gott, auf den ich hoffe.
Denn er errettet dich vom Strick des Jägers
und von der verderblichen Pest.
  Er wird dich mit seinen Fittichen decken,
  und Zuflucht wirst du haben unter seinen Flügeln.
Seine Wahrheit ist Schirm und Schild,

daß du nicht erschrecken mußt vor dem Grauen der Nacht,
vor den Pfeilen, die des Tages fliegen,
vor der Pest, die im Finstern schleicht,
vor der Seuche, die am Mittag Verderben bringt.
Denn der Herr ist deine Zuversicht,
der Höchste ist deine Zuflucht.
Es wird dir kein Übel begegnen,
und keine Plage wird sich deinem Haus nahen.
Denn er hat seinen Engeln befohlen,
daß sie dich behüten auf allen deinen Wegen,
daß sie dich auf den Händen tragen
und du deinen Fuß nicht an einen Stein stoßest.
Über Löwen und Ottern wirst du gehen
und junge Löwen und Drachen niedertreten.
„Er liebt mich, darum will ich ihn erretten;
er kennt meinen Namen, darum will ich ihn schützen.
Er ruft mich an, darum will ich ihn erhören;
ich bin bei ihm in der Not,
ich will ihn herausreißen und zu Ehren bringen.
Ich will ihn sättigen mit langem Leben
und will ihm zeigen mein Heil."

Eingangsgebet[8]

Barmherziger Gott, ein Jahr geht zu Ende. Wir schauen zurück – dankbar, auch schuldbewußt. Wir schauen voraus – in Hoffnung, aber nicht ohne Sorge. Wir suchen das Wort, das uns entlastet und Mut macht, das Wort Gottes. Wir bitten: Gott, sprich zu uns. Vergib uns die Schuld, gib uns Zuversicht – durch deinen Sohn Jesus.

Fürbitten
Barmherziger Gott, an der Schwelle zu einem neuen Jahr danken wir dir für das Gute, das du uns erwiesen hast. Wir bitten dich um deine gute Begleitung für das neue Jahr. Laß uns spüren, daß du mit uns bist in aller Angst, in aller Not, in allen Zweifeln. Laß uns erfahren, wie deine gute Hand uns hält, schützt und birgt. Laß deine Verheißung in unserem Herzen Wurzeln schlagen. Erhalte uns die Menschen, die uns wohlgesonnen sind. Segne die Menschen, die Gutes tun. Behüte die Menschen, die in diesem Haus arbeiten, vor Überlastung und Schwermut angesichts des vielen Leidens. Laß Frieden einkehren, wo Streit und Krieg ist. Laß die Einsamen Freunde finden. Stärke unseren Glauben, unsere Hoffnung, unsere Liebe, daß du durch unser Leben hindurchleuchtest. Laß unsere Sinne offen sein für die Güte, die du uns im kommenden Jahr schenken willst. In der Stille bitten wir dich für die Anliegen, die uns auf dem Herzen liegen.

STILLE

Das alles bitten wir dich im Namen Jesu Christi, deines Sohnes.

Gerufen

Gottesdienst zu Jesaja 43, 1

So spricht Gott, der Herr, der dich gemacht hat:
„Fürchte dich nicht, denn ich habe dich erlöst;
ich habe dich bei deinem Namen gerufen;
du bist mein."

Liebe Gemeinde!
Da war ein Katastrophe über das Volk Israel hereingebrochen. Sie hatten den Kampf verloren, und die Sieger nahmen ihnen alles weg. Sie mußten ihre Heimat verlassen, wurden in fremde Länder verschleppt. Ihre Zukunftspläne zerbrachen mit einem Mal, nichts war mehr wie früher. Da saßen sie nun, weinten und wußten nicht, wie es weitergehen sollte, ja ob es überhaupt noch weiterging. Der Zweifel nagte kräftig an ihrem Glauben: Wo ist denn unser Gott, der versprochen hat, uns niemals zu verlassen? Er ist wohl doch nicht so mächtig, wie wir dachten, sonst wäre uns das nicht passiert.

Bei meinen Besuchen hier im Krankenhaus treffe ich Menschen, die sich ähnlich fühlen. Die Gegenwart ist für sie aufgrund ihrer Krankheit schwer zu ertragen, ihre Zukunft ist ungewiß, ihr Glaube in Frage gestellt.
Damals schickte Gott einen Propheten zu dem verzweifelten Volk Israel und ließ folgende Botschaft ausrichten:

„Fürchte dich nicht, denn ich habe dich erlöst;
ich habe dich bei deinem Namen gerufen;
du bist mein."

Diese Botschaft hat ihre Gültigkeit behalten und so sage ich sie heute zu Ihnen:

Fürchte dich nicht, spricht Gott. Ich weiß, was du alles befürchtest, was dich lähmt, was dir die Hoffnung nimmt. Doch fürchte dich nicht, denn ich habe dich erlöst. Ich habe in der Taufe einen Bund mit dir geschlossen, dir beizustehen, dich niemals aufzugeben. Ich halte diesen Bund, weil ich dich lieb habe, weil ich dich schon vor Grundlegung der Welt gekannt habe, weil du in meinen Augen einzigartig bist.
Darum habe ich dich bei deinem Namen gerufen. Dein Name, der bedeutet, daß es keinen anderen Menschen wie dich gibt.
Du bist mein – und ich bin dein. Wir gehören zueinander. Weil ich Gott, der Herr, bin, der Himmel und Erde gemacht hat, weil alles Leben – und so auch du – in meinen Händen ist, weil ich dich mit einer Liebe liebe, die niemand zerstören kann, darum fürchte dich nicht. Was auch immer kommen mag, ich bin bei dir.

Und dann wird anschaulich beschrieben, was die Gegenwart Gottes bewirkt:

„Wenn du durch Wasser gehst, will ich bei dir sein, daß dich die Ströme nicht ersäufen sollen; und wenn du ins Feuer gehst, sollst du nicht brennen, und die Flamme soll dich nicht versengen. Denn ich bin der Herr, dein Gott, der Heilige Israels, dein Heiland." (Jes 43, 2–3a)

Das ist Gottes Botschaft an die Verzweifelten und Traurigen – damals und heute. In der Not, in der Bedrängnis haben solche Worte einen anderen Klang. Manchmal sind solche Zusagen wie Balsam auf eine schmerzende Wunde, wie klares, kühles Wasser in einer trockenen Kehle. Manchmal kann man sich an einem solchen Gotteswort

festhalten, es sich immer wieder vorsagen oder vorsagen lassen.
Ich wünsche Ihnen, daß diese Botschaft mit Ihnen gehe durch die Nacht und durch die nächsten Tage. Daß dieses Gotteswort Sie begleite zur Operation, beim Hören der Untersuchungsergebnisse, in den verzweifelten Stunden, in quälender Einsamkeit. Möge es heilsam sein für Ihren Geist, Ihre Seele und für Ihren Leib.

So spricht Gott, der Herr, der dich gemacht hat:
„Fürchte dich nicht, denn ich habe dich erlöst;
ich habe dich bei deinem Namen gerufen;
du bist mein."

Und der Friede Gottes, der höher ist als all unsere Vernunft, der bewahre eure Herzen und Sinne in Christus Jesus. Amen

Erläuterungen und Materialien

Lieder: EG 490 „Der Tag ist um, die Nacht kehrt wieder"
EG 488, 1.3.4 „Bleib bei mir, Herr! Der Abend bricht herein"

Psalm 63 (EG 729)

Gott, du bist mein Gott, den ich suche.
Es dürstet meine Seele nach dir,
mein ganzer Mensch verlangt nach dir
aus trockenem, dürrem Land, wo kein Wasser ist.
So schaue ich aus nach dir in deinem Heiligtum,
wollte gerne sehen deine Macht und Herrlichkeit.
Denn deine Güte ist besser als Leben;
meine Lippen preisen dich.
So will ich dich loben mein Leben lang
und meine Hände in deinem Namen aufheben.
Das ist meines Herzens Freude und Wonne,
wenn ich dich mit fröhlichem Munde loben kann;
wenn ich mich zu Bette lege, so denke ich an dich,
wenn ich wach liege, sinne ich über dich nach.
Denn du bist mein Helfer,
und unter dem Schatten deiner Flügel frohlocke ich.
Meine Seele hängt an dir;
deine rechte Hand hält mich fest.

Eingangsgebet[9]
Ach Gott
Ich bin müde
Alle Glieder sind schwer geworden
Alles tut weh

Ich bitte Dich
Erfüll meine Müdigkeit mit Segen
Verbinde die schweren Glieder
mit der Schwerkraft deiner Liebe
mit dem Kreuz Deines Sohnes
Führ mich in die Ruhe der Nacht
Nimm die Müdigkeit von meinem Leib
Verwandle meine schweren Glieder in Flügel
mit denen ich mich aufschwingen kann
zum Leben
Heile mich mit der Salbe Deiner Liebe

Laß mich erfahren
daß nicht die Nacht das letzte ist
sondern der Tag
die Auferstehung und das Leben

Fürbitten
Die Fürbitten zum Wochenschluß (EG 938) können im Wechsel mit der Gemeinde gesprochen werden.

Barmherziger Gott, wir bitten dich in dieser Abendstunde für alle, die in dieser Woche den Reichtum deiner Güte erfahren haben:
  Bewahre ihr Herz vor Hochmut,
  daß sie dir die Ehre geben.
Wir bitten dich für alle, die deine Hand gedemütigt hat:
  Richte sie auf mit dem Wort deiner Liebe.

Wir bitten dich für alle Glieder unserer Gemeinde,
für die neugeborenen Kinder,
für alle, die von Krankheit heimgesucht sind,
für alle, die durch die Hand des Todes getroffen wurden:
    Geleite uns durch dieses Erdenleben
    in dein ewiges Reich.
Wir bitten dich für alle, die unserem Herzen teuer
sind in der Nähe und in der Ferne:
    Unter deinem Schutz und in deinem Frieden
    halte uns verbunden mit ihnen.
Wir bitten dich für alle, die unserem Herzen
fremd und feind sind:
    Nimm weg, was uns scheidet,
    und schenke uns Eintracht und Frieden.
Wir bitten dich für alle Einsamen und Verlassenen:
    Kehre ein bei denen, die deiner bedürfen.
Wir bitten dich für alle, die morgen dein Wort
verkündigen und hören
und das heilige Mahl spenden und empfangen:
    Laß sie die Geheimnisse deines Reiches
    erkennen und erfahren.
Wir warten auf deinen Tag:
Laß uns sein Licht aufgehen,
und erwecke uns zu neuem Leben.

Noch einmal geschenkt

Gottesdienst zum Reformationstag zu Matthäus 5, 4

*„Selig sind, die da Leid tragen;
denn sie sollen getröstet werden."*

Liebe Gemeinde!

Morgen ist Reformationstag. Dieser Tag erinnert an die Entdeckung Martin Luthers, daß wir alle allein von Gottes Gnade leben. Diese Erkenntnis hat sein Leben total umgekrempelt. Er wußte, wem er sein Leben verdankte: dem lebendigen Gott.

Wenn ich bei meinen Besuchen hier im Krankenhaus in die Zimmer gehe, dann erlebe ich es dann und wann, daß Menschen – aufgewühlt durch ihr Hiersein, durch ihr Kranksein – eine ähnliche Erfahrung machen: daß ihnen ihr Leben noch einmal geschenkt worden ist. Ihnen und ihren Angehörigen.

Das Leben noch einmal geschenkt, noch einmal gewährt. Gnade, was übersetzt bedeutet: Gunst, Wohlwollen, Liebesdienst, Geschenk aus Liebe. Gott ist uns gnädig, weil er uns lieb hat. Manchmal drücken Patientinnen und Patienten es nach überstandener schwerer Krankheit verlegen so aus: „Der liebe Gott hat mich noch nicht gewollt." Und sie meinen damit: „Gott hat mich, mein Leben, sehr wohl gewollt und mir geholfen."

Bei manchen jedoch besteht keine Hoffnung auf Besserung, keine Aussicht, daß sie wieder gesund werden. Entweder müssen sie es lernen, mit ihrem Leiden zu leben, oder die Krankheit bedroht sogar ihr Leben. In diesem Zusammenhang ist mir ein Vers aus den Seligpreisungen wichtig geworden: *„Selig sind, die da Leid tragen; denn sie sollen getröstet werden."*

Eigentlich ist es ja ein widersinniger Satz. Selig sind, die es schwer haben, die klagen, trauern, leiden.
Hier wird klar festgestellt und benannt, daß es Leiden gibt, daß Krankheit, Schmerzen und Trauer zu unserer Wirklichkeit gehören. Diese Erfahrung teilen wir alle miteinander.
Und diese Menschen preist Jesus glücklich. Warum? Nun, sicher nicht, weil er ironisch ist oder das Leiden verharmlost. Jesus redet die Leidenden als Glückliche an, weil Gott sie trösten wird. Trösten ist ein schönes Wort. Es meint: zu jemandem gehören, ein Zuhause haben, um einen wissen, der für mich sorgt. Von Gott heißt es, daß er tröstet, wie einen seine Mutter tröstet.
Mancher wird wieder gesund, empfängt sein Leben noch einmal neu. Ein anderer muß mit seiner Krankheit leben oder stirbt sogar daran. Warum das so ist, weiß ich nicht. Aber ich glaube, daß es für alle einen Trost gibt, einen Tröster: für die Gesunden, für die Kranken und für die Sterbenden. Ich glaube, daß wir bei dem lebendigen Gott geborgen sind, daß wir in seine Liebe eingehüllt sind wie in einen Mantel, der uns wärmt.
Das Geheimnis dieser Seligpreisung *„Selig sind, die da Leid tragen; denn sie sollen getröstet werden“* hat der Heidelberger Katechismus sehr schön formuliert: „Was ist dein einziger Trost im Leben und im Sterben?“ Und die Antwort: „Daß ich mit Leib und Seele, im Leben und im Sterben, nicht mein, sondern meines getreuen Heilandes Jesu Christi eigen bin.“
Das tröstet: für immer zu Gott zu gehören, egal, was da kommt, egal, was da war.
Ich wünsche Ihnen, daß Sie diesen Trost erfahren, der alle unsere Vernunft übersteigt und unsere Traurigkeit überwindet; daß Sie spüren, auch in meinem Kranksein, in meinem Leiden bin ich von Gott gehalten. Amen

Erläuterungen und Materialien
Die Ansprache kann auch unabhängig vom Reformationstag an einem anderen Sonntag verwendet werden. In diesem Fall entfällt der erste Absatz der Predigt.

Lieder: EG 481 „Nun sich der Tag geendet"
EG 473 „Mein schönste Zier"

Psalm 46 (in Auswahl)
Gott ist unsre Zuversicht und Stärke,
eine Hilfe in den großen Nöten,
die uns getroffen haben.
Darum fürchten wir uns nicht,
wenngleich die Welt unterginge
und die Berge mitten ins Meer sänken.
Seid stille und erkennet, daß ich Gott bin!
Ich will der Höchste sein unter den Heiden,
der Höchste auf Erden.
Der Herr Zebaoth ist mit uns,
der Gott Jakobs ist unser Schutz.
Ehre sei dem Vater und dem Sohn
und dem Heiligen Geist,
wie es war im Anfang, jetzt und immerdar
und von Ewigkeit zu Ewigkeit.

Eingangsgebet
Himmlischer Vater, in dieser Abendstunde kommen wir zu dir und legen vor dich hin, was uns belastet: unsere Schmerzen, unsere Verzagtheit, die Ungeduld und die Verzweiflung. Du weißt, wie es in uns aussieht. Wir rufen dich an, daß du mit deiner guten Nähe bei uns bist – jetzt in diesem Gottesdienst und an allen Tagen unseres Lebens. Das bitten wir dich durch Christus, unseren Herrn.

Lesung: Mt 5, 3–10 (EG 767)

Die Lesung der Seligpreisungen kann mit der Gemeinde gemeinsam oder im Wechsel geschehen.

Selig sind, die da geistlich arm sind;
denn ihrer ist das Himmelreich.
Selig sind, die da Leid tragen;
denn sie sollen getröstet werden.
Selig sind die Sanftmütigen;
denn sie werden das Erdreich besitzen.
Selig sind, die da hungert und dürstet
nach der Gerechtigkeit; denn sie sollen satt werden.
Selig sind die Barmherzigen;
denn sie werden Barmherzigkeit erlangen.
Selig sind, die reinen Herzens sind;
denn sie werden Gott schauen.
Selig sind die Friedfertigen;
denn sie werden Gottes Kinder heißen.
Selig sind, die um der Gerechtigkeit willen verfolgt
werden; denn ihrer ist das Himmelreich.

Fürbitten

Die Gemeinde antwortet jeweils mit der zweiten Seligpreisung: *„Selig sind, die da Leid tragen; denn sie sollen getröstet werden."*

Barmherziger, ewiger Gott,
wir danken dir, daß bei dir nicht das Recht des Stärkeren gilt, sondern daß du die selig preist, die es schwer haben und doch um deine Hilfe wissen.
Wir bitten dich für die Menschen,
die an ihrem Leben leiden:
die über einen Verlust nicht hinwegkommen,
die von anderen gedemütigt werden,
die mit körperlichen Leiden leben müssen.

Für sie gilt deine Zusage: *„Selig sind, die da Leid tragen; denn sie sollen getröstet werden."*

Wir bitten dich für die Menschen,
die an seelischen Krankheiten leiden,
die keinen Menschen haben, mit dem sie reden können,
die ihr Vertrauen und ihre Hoffnung verloren haben.
Für sie gilt deine Zusage: *„Selig sind, die da Leid tragen; denn sie sollen getröstet werden."*

Wir bitten dich für die Menschen,
die bitter und hart in ihrem Herzen geworden sind,
die unter ungerechten gesellschaftlichen und wirtschaftlichen Verhältnissen leiden,
die von sich selbst und anderen enttäuscht sind,
deren Gutmütigkeit von anderen schamlos ausgenutzt wird.
Für sie gilt deine Zusage: *„Selig sind, die da Leid tragen; denn sie sollen getröstet werden."*
In der Stille sagen wir dir das, worunter wir leiden, was uns auf dem Herzen liegt.

STILLE

Für uns gilt deine Zusage: *„Selig sind, die da Leid tragen; denn sie sollen getröstet werden."*

Und der Wind legte sich

Gottesdienst zu Markus 4, 35–41

Lesung des Textes Mk 4, 35–41

Liebe Gemeinde!

„Laßt uns hinüberfahren!" So beginnt ein zunächst ganz harmloses und alltägliches Geschehen. Sie wollen über den See fahren, um ans andere Ufer zu kommen.

Sicher kennen Sie das von sich: Man fängt eine Sache an, eine Aufgabe, eine notwendige Angelegenheit wird in Angriff genommen. Man macht sich an die Arbeit, und zunächst geht es auch ganz gut voran. Oder vielleicht waren Sie zur Routineuntersuchung bei Ihrem Hausarzt, einfach so, ohne Beschwerden.

Und plötzlich ändert sich die Situation. Bedenken, Schwierigkeiten stellen sich ein bei dem, was Sie angefangen haben. Vielleicht hat der Arzt etwas festgestellt, was in seiner Bedeutung noch unklar ist, was Sie beunruhigt, weswegen Sie hier ins Krankenhaus mußten.

Diese Männer in unserer Geschichte fahren am Abend über den See. Und plötzlich kommt Wind auf, ein Sturm zieht auf, die Wellen schlagen ins Boot. Das Boot gerät in Seenot, es droht zu sinken.

Vielleicht kennen Sie das auch: Was ganz normal und harmlos begann, entwickelt sich zur Katastrophe, zur Bedrohung an Leib und Leben. Sie sind in einen Sturm geraten, der Ihr Lebensschiff hin und her wirft, so daß es unterzugehen droht. Die Lage spitzt sich zu.

Und dann kommt für mich der erstaunlichste Satz in dieser Geschichte: *„Und Jesus war hinten auf dem Schiff und schlief auf einem Kissen."* Jesus ist mitten drin im Sturm mit

seinen Jüngern und schläft! Welches Vertrauen hatte Jesus zu den Seemännern, daß er in ihrem Boot schläft.
Und dann wecken diese Männer in höchster Verzweiflung Jesus auf und sagen: *„Meister, interessiert es dich nicht, daß wir gleich untergehen?"*
Lange Jahre habe ich diese Frage und Jesu Antwort darauf nicht verstanden. Ich deute die Frage heute so: „Jesus, wir gehen gleich unter, stell dich auf dein Ende ein, teile mit uns unsere Verzweiflung und unsere Angst. Beteilige dich gefälligst an den noch möglichen Rettungsmaßnahmen! Hilf uns, das Boot leer zu schöpfen und zu retten, was noch zu retten ist! Wir sind auf uns selbst gestellt, jeder Mann ist wichtig."

„Meister, interessiert es dich nicht, daß wir gleich untergehen?"
Und dann heißt es: *„Und Jesus stand auf und bedrohte den Wind und sprach zu dem Meer: Schweig und verstumme! Und der Wind legte sich, und es entstand eine große Stille."*
Jesus packt bei den Rettungsaktionen der Seemänner nicht mit an, sondern er gebietet dem Sturm. Er bedroht die Mächte und Elemente mit seiner Vollmacht – und sie gehorchen ihm.
Jesus bleibt im Boot bei den Verzweifelten und Bedrohten, aber er läßt sich nicht in ihre Verzweiflung mit hineinziehen. Jesus weiß sich in der Hand des Schöpfers, der Wind und Wellen geschaffen hat und der Macht hat über sie. Und darum fragt er die Seemänner:
„Was seid ihr so furchtsam? Habt ihr noch keinen Glauben?"
Warum habt ihr Angst? Ihr seid doch in Gottes Hand, und Gott ist doch viel größer als der Sturm, als die Not.
Gott ist mitten drin im Sturm, ist mit euch zusammen. So wie Jesus, der im Boot war, zunächst unscheinbar weit hinten im Boot lag und schlief. Er ist da. Gott ist mit euch unterwegs. Manchmal müssen wir erst an unsere eigenen

Grenzen kommen, um zu merken, daß wir Hilfe von anderswo brauchen. Wie die Seeleute, die erst kurz vor dem Untergang zu Jesus gehen und ihn wecken. Die in der Krise dann merken: Ich bin nicht allein, Gott ist da und hilft mir.

Gott kann den Sturm in Stille wandeln. *„Und es entstand eine große Stille."* Die Stille ist in der Heiligen Schrift eine Bezeichnung für die Gegenwart Gottes.
Ich habe eine Bilderbibel für Kinder, in der diese Geschichte vorkommt. Da gibt es ein Bild, wie das Boot nach dem Sturm aussieht: Jesus steht im Boot, das Meer ist still, die Segel hängen in Fetzen am Mast, und die Menschen schauen aus großen, staunenden Augen.
Das mag manchmal so sein, daß man uns die Bedrohung, die Not, die Gefahr, in der wir geschwebt haben, ansieht. Daß die Segel unseres Lebensschiffes in Fetzen hängen, aber auch, daß Ruhe, Stille um uns herum und in uns geworden ist.
Ich habe es bei manchen Schwerkranken und Sterbenden wahrgenommen, wie sie mitten im Sturm ihrer Schmerzen und Ängste etwas von dieser großen Stille erlebt haben. Die große Stille, der große Frieden, in dem Gott uns nahe ist.

Die Geschichte endet so: *„Und die Männer fürchteten sich sehr und sprachen untereinander: Wer ist das? Auch Wind und Meer sind ihm gehorsam."* Es war ihnen klar, hier war etwas Außergewöhnliches geschehen. Sie hatten die Gegenwart des lebendigen Gottes erfahren. Das machte sie nachdenklich, ließ sie fragen, forschen, suchen: Wer ist das, wer ist dieser Jesus, dem Wind und Meer gehorsam sind?

Ich wünsche Ihnen, liebe Gemeinde, den Mut, die Wachsamkeit, mitten im Sturm, mitten in der Not den lebendigen Gott um Hilfe anzurufen. Er wird Ihnen seine Hilfe nicht versagen.

Und dann werden Sie erfahren, daß der Friede Gottes höher ist als alle unsere Vernunft, als alle unsere Angst, und daß er Sie bewahrt in Jesus Christus, unserem Herrn. Amen

Erläuterungen und Materialien

Lieder: EG 358 „Es kennt der Herr die Seinen“
EG 504 „Himmel, Erde, Luft und Meer“
EG 331 „Großer Gott, wir loben dich“
EG 650 „Weiß ich den Weg auch nicht“

Psalm 86 (in Auswahl)

Der Psalm 86 kann auch nach der Predigt gemeinsam mit der Gemeinde gebetet werden, sozusagen als Sprachangebot und Anleitung zum Beten. Eine verkürzte Version der abgedruckten Versauswahl steht im EG unter der Nr. 737.

Herr, neige deine Ohren und erhöre mich;
denn ich bin elend und arm.
  Bewahre meine Seele, denn ich bin dein.
  Hilf du, mein Gott, deinem Knechte,
  der sich verläßt auf dich.
Herr, sei mir gnädig;
denn ich rufe täglich zu dir.
  Erfreue die Seele deines Knechts;
  denn nach dir, Herr, verlangt mich.
Denn du, Herr, bist gut und gnädig,
von großer Güte allen, die dich anrufen.
  Vernimm, Herr, mein Gebet
  und merke auf die Stimme meines Flehens!
In der Not rufe ich dich an;
du wollest mich erhören!
  Herr, es ist dir keiner gleich unter den Göttern,
  und niemand kann tun, was du tust.
Weise mir, Herr, deinen Weg,
daß ich wandle in deiner Wahrheit;
  erhalte mein Herz bei dem einen,
  daß ich deinen Namen fürchte.
Du aber, Herr, Gott, bist barmherzig und gnädig,

geduldig und von großer Güte und Treue.
Wende dich zu mir und sei mir gnädig;
stärke deinen Knecht mit deiner Kraft
und hilf dem Sohn deiner Magd!
Tu ein Zeichen an mir,
daß du's gut mit mir meinst,
daß es sehen, die mich hassen, und sich schämen,
weil du mir beistehst, Herr, und mich tröstest.

Eingangsgebet

Barmherziger Gott, stille werden, zur Ruhe kommen – ja, das möchte ich. Die aufwühlenden Gedanken und Begegnungen, die Unruhe des Leibes sollen bei dir auslaufen wie die Wellen am Strand. Ich warte auf ein gutes Wort von dir, das mir Halt gibt, das mir die Richtung weist, das mich auf dich hin sammelt. Du bist mächtig, Wind und Wetter zu gebieten, daß der Sturm sich legt. Ja, das möchte ich – stille werden, vor dir, mein Gott, zur Ruhe kommen.

Fürbitten

Bei den Fürbitten stimmt die Gemeinde in den Ruf *„Herr, erbarme dich"* mit ein.

Barmherziger, großer Gott, wir bitten dich für uns selbst: Stille den Sturm in uns und um uns. Erweise dich als der Schöpfer des Himmels und der Erde, dem die Mächte der Verzweiflung und der Not gehorsam sind.

Wir rufen zu dir: *Herr, erbarme dich.*

Wir bitten dich für dieses Haus, für die Kranken und Sterbenden, für die, die hier arbeiten und wachen: Bleibe bei ihnen in dieser Nacht.

Wir rufen zu dir: *Herr, erbarme dich.*

Wir bitten dich für diese friedlose Welt: Laß deinen Frieden, deine große Ruhe kommen über alle Geschöpfe, daß sie dich erkennen und dich preisen.

Wir rufen zu dir: *Herr, erbarme dich.*

In der Stille rufen wir dich an für die Not, die uns persönlich bewegt, für die Menschen, die uns am Herzen liegen.

STILLE

Wir rufen zu dir: *Herr, erbarme dich.*

„… und flochten eine Dornenkrone"

Gottesdienst am Gründonnerstag zu Markus 14, 17–42; 15, 16–18

Lesung von Mk 14, 17 – 42; 15, 16–18

Liebe Gemeinde!
Der Gründonnerstag ist der Tag, an dem sich der Weg Jesu ins Leiden verdichtet. An diesem Tag, an diesem Abend wird das Abendmahl gefeiert, das Mahl der Gemeinschaft zwischen Jesus und seinen Jüngern und zugleich das Mahl des Abschieds voneinander.
Es ist die Nacht, in der Jesus verraten wird von einem seiner engsten Mitarbeiter. Es ist die Nacht, in der er verleugnet wird von einem seiner treuesten und engagiertesten Mitarbeiter, von Petrus.
Es ist die Nacht, in der Jesus im Garten Gethsemane um seinen Weg ringt. In der er vor Gott auf seinen Knien liegt und sich sträubt gegen diesen Weg ins Leiden, gegen die Schmerzen, gegen die Qualen, die auf ihn warten, gegen die Verlassenheit.
Es ist die Nacht der Gefangennahme, der anschließenden Demütigungen und Schmerzen. Er wird geschlagen im Palast des Hohenpriesters.
Es ist die letzte Nacht vor seinem Tod. Es ist die letzte Nacht in der Gemeinschaft der Menschen. Am nächsten Tag wird er ein zum Tode Verurteilter sein. Die Menschen werden ihn von weitem anschauen, sie werden mit dem Finger auf ihn zeigen.

Als Zeichen für diese dichten, intensiven Geschehnisse des Gründonnerstags, die ja alle innerhalb eines Tages und einer Nacht stattfinden, liegt hier auf dem Altar diese Dornenkrone. Die Dornenkrone als Zeichen für den Weg

Jesu. Die Dornenkrone kann uns zum Zeichen des Glaubens werden.

Ich möchte mit Ihnen über die Dornen, die Dornenzweige nachdenken.
Wofür stehen die Dornen in unserem Leben?
Wenn wir in die Heilige Schrift schauen, dann begegnet uns schon zu Beginn die Erwähnung von Dornen und Disteln. Als Adam und Eva aus dem Paradies vertrieben werden, da wird ihnen angekündigt, daß sie mühselig ihren Acker bestellen werden müssen, daß Dornen und Disteln darauf wachsen werden, daß es ihnen schwer werden wird. Im Schweiße ihres Angesichts werden sie ihren Acker bestellen und ihre Ernte einbringen.
Dornen machen uns die Arbeit, das Leben schwer. Bis heute ist das so auf den Äckern, daß bisweilen ganze Abschnitte zuwuchern und dort ein Wachstum von Getreide nicht möglich ist.
Als Folge der Entfremdung zwischen Gott und Mensch, als Folge der aufs Spiel gesetzten Harmonie zwischen Gott und den Menschen werden Adam und Eva aus dem Paradies vertrieben.
Sie kennen das: Es gibt Wege, die von Dornen zugewuchert sind. Man kann dort nicht mehr entlanggehen, ohne sich die Haut aufzureißen. Da überlegt man sich, ob man diesen Weg unbedingt gehen will.
Genauso geht es auch manchmal in unserem Leben zu, daß durch Lieblosigkeit, durch böses Gerede, durch Ungerechtigkeit die Wege zwischen Menschen unbegehbar geworden sind, so daß sie nicht mehr miteinander sprechen. Oder nur um den Preis, daß man sich gegenseitig bis aufs Blut verletzt. Und dann, wenn man nicht mehr miteinander spricht, wenn diese Wege zwischen Menschen nicht mehr begehbar sind, dann wuchern die Beziehungslosig-

keit und die Einsamkeit und die Kälte immer höher, immer verletzender.

Ein zweites Beispiel aus der Heiligen Schrift, wo die Dornen an entscheidender Stelle vorkommen, ist die Begegnung des Mose mit dem brennenden Dornbusch in der Wüste. Mose erkennt plötzlich die Gegenwart Gottes in diesem brennenden Dornbusch. Er wird dazu berufen, das Volk Israel aus der Knechtschaft in Ägypten herauszuführen.

Diesen ärmlichen, kargen Dornbusch in der Wüste, der kaum Wasser und Nährstoffe braucht, so ein ganz elendes, unansehnliches Gestrüpp: Hier wird Gott gegenwärtig. Nicht in den blühenden Orangenbäumen, nicht in den stolzen Feigenbäumen, sondern in diesem kargen, struppigen, unansehnlichen Dornbusch – dort wird Gott diesem Menschen Mose gegenwärtig.

Wenn wir das übertragen, können wir das in unser Leben hineinziehen und sagen, daß kein Platz, kein Ort in dieser Welt – und sei er noch so öde, sei er noch so wüst und karg und verlassen –, daß kein Ort auf dieser Welt von Gott vergessen ist. Kein Leben, das noch so einsam, so vertrocknet, so stachelig geworden ist, kein Leben ist von Gott verlassen.

Gott wird im Ärmlichen, im Kratzigen, im Dornigen gegenwärtig. In dem Schwierigen, Mühsamen, Verletzenden kann uns Gott auf verborgene Weise begegnen.

Und noch eine dritte Episode aus der Heiligen Schrift: *„Sie flochten einen Kranz aus Dornen."* So heißt es in der Passionsgeschichte, aus der ich Ihnen einen Teil vorgelesen habe. Die Soldaten des Pilatus flochten einen Kranz aus Dornen und setzten ihn Jesus aufs Haupt und spotteten und sagten: *„Gegrüßet seist du, der Juden König."*

Nicht wissend nehmen die Soldaten das Symbol der Dornenzweige auf und binden all die Bedeutungen, die darin liegen, zu einer Krone zusammen. All das, was in der Geschichte von der Vertreibung aus dem Paradies für all die Mühsal, für all das Verletzende, für all das Schuldhafte und Schwierige in unserem Leben steht, flechten sie ineinander mit dem brennenden Dornbusch, mit der Gegenwart Gottes.
Nicht wissend, nicht ahnend, was sie tun, bringen sie das zusammen, wofür Jesus auf dieser Welt war. Jesus trägt mit dieser Dornenkrone das Zeichen des Fluches, der Gottentfremdung und zugleich das Zeichen der Gegenwart Gottes. Er trägt es auf seinem Haupt. Das ist seine Krone. Darin besteht sein wahres Königtum. Er nimmt es auf sich. In seinem Leben kommt beides zusammen, wird es miteinander versöhnt, wird es in das rechte Verhältnis zueinander gebracht.

An Jesu Leiden und Sterben wird der Stachel der Dornen, ihre verletzende, verwundende Kraft erschreckend deutlich. Jesus trägt die Dornenkrone, er nimmt die bösen Auswirkungen unseres Starrsinns, unserer Rechthaberei, unserer Unversöhnlichkeit auf sich und erleidet sie an seinem eigenen Leib. So schmerzhaft wie Dornen eben sind, wenn sie uns ins Fleisch stechen.
Sein stellvertretendes Leiden daran, was ihn bluten läßt, innerlich und äußerlich, das wird für uns zum Heil. Wie wir es eben gesungen haben, daß seine Wunden uns zum Heil werden. Und das ist auf dem Altar symbolisch, zeichenhaft angedeutet: Das Blut aus der Dornenkrone fließt in den Kelch. Wenn wir aus diesem Kelch trinken, bekommen wir Anteil an der Versöhnung Jesu. Wir bekommen Anteil an dem Neuen, das er durch sein Leiden, durch seinen Tod schafft. Das Blut, das aus den Dornen

kommt, aus den Dornen der Zwietracht und des Hasses und des Neides, wird im Kelch verwandelt zum Kelch des Heils. Und dadurch bekommen die Dornen eine tiefere Bedeutung, eine Bedeutung, die über sie selbst hinausweist. Sie werden hineingenommen in den großen Prozeß der Verwandlung. Die Dornen, die für Not und Verhärtung, für Verwundung und Tod stehen, sie werden erlöst. Und genau diese Erlösung feiern wir im Abendmahl. Gott gibt uns in der Feier des Abendmahles, in Brot und Wein Anteil an dieser Erlösung, Anteil am Leben Gottes, das sich nicht durch Dornen niederzwingen läßt. Er gibt uns Anteil an dem Heil-Werden, das für alle Welt gilt.

So wie aus Brot und Wein auf geheimnisvolle Weise durch die Gegenwart Jesu Christi Leib und Blut Jesu werden, so sollen unsere Dornen, unser Kratziges, unser Stacheliges, unser Verletzendes verwandelt werden in Lebensfreude und Lebensfülle. So soll aus ihnen etwas Neues, Herrliches wachsen. Doch das gehört eigentlich schon zum Ostersonntag.
Ich lade Sie ein, am Ostersonntag wiederzukommen, hierher in die Kapelle zum Gottesdienst. Dann werden Sie hier am Altar etwas entdecken können von der Verwandlung der Dornen.

Die Dornenkrone erinnert uns an das Leiden Jesu, an seine Lebenshingabe, damit wir leben können.

Und der Friede Gottes, der höher ist als alle unsere Vernunft, der bewahre eure Herzen und Sinne in Christus Jesus, unserem leidenden Herrn. Amen

Erläuterungen und Materialien

Dieser Gottesdienst steht im Zusammenhang mit dem Gottesdienst „Da haben die Dornen Rosen getragen" am Ostersonntag zu Lk 24, 1–12 (S. 108 ff.).

Dekoration des Altars: Dornenkrone; Äste ohne Blätter, die mit rotem Krepp-Papier umwickelt sind. Die Äste stilisieren eine Verbindung (Rinnsal) von der Dornenkrone zum Kelch. Das Standkreuz ist ebenfalls rot eingewickelt. Dazu ein einfaches grünes Gesteck, Kelch und Brotteller.

Lieder:	EG 81, 1–4	„Herzliebster Jesu, was hast du verbrochen"
	EG 87, 1–3	„Du großer Schmerzensmann"
	EG 213, 1–3	„Kommt her, ihr seid geladen"
	EG 333, 1–2	„Danket dem Herrn" (nach dem Abendmahl)
	EG 87, 5–6	„Du großer Schmerzensmann"

Psalm 111 (EG 748)

Halleluja! Ich danke dem Herrn von ganzem Herzen
im Rate der Frommen und in der Gemeinde.
    Groß sind die Werke des Herrn;
    wer sie erforscht, der hat Freude daran.
Was er tut, das ist herrlich und prächtig,
und seine Gerechtigkeit bleibt ewiglich.
    Er hat ein Gedächtnis gestiftet seiner Wunder,
    der gnädige und barmherzige Herr.
Er gibt Speise denen, die ihn fürchten;
er gedenkt ewig an seinen Bund.
    Er läßt verkündigen seine gewaltigen Taten seinem
    Volk, daß er ihnen gebe das Erbe der Heiden.
Die Werke seiner Hände sind Wahrheit und Recht;
alle seine Ordnungen sind beständig.

Sie stehen fest für immer und ewig;
sie sind recht und verläßlich.
Er sendet eine Erlösung seinem Volk;
er verheißt, daß sein Bund ewig bleiben soll.
Heilig und hehr ist sein Name.
Die Furcht des Herrn ist der Weisheit Anfang.
Klug sind alle, die danach tun.
Sein Lob bleibet ewiglich.

Eingangsgebet

Barmherziger Gott, wir kommen zu dir, der du mit deinem Sohn Jesus Christus ins Leiden gegangen bist, damit wir heil werden. Er nahm die Schuld auf sich, damit wir frei werden können. Er gab sein Leben in den Tod, damit wir Leben in Fülle empfangen. Komm in unsere Mitte, hier und heute, damit wir deine gute Gegenwart erfahren.

Fürbitten

Barmherziger Gott, wir danken dir für deine Nähe in Brot und Wein. Stärke uns damit für unseren Weg.
Wir bitten dich für die Völker, die sich aus Haß und Verführung gegenseitig bekriegen. Laß die Lebenshingabe deines Sohnes für sie zum Frieden werden.
Wir bitten dich für die zerstrittenen Kirchen und für die Menschen, die darunter leiden. Laß die Lebenshingabe deines Sohnes für sie zur Versöhnung und Einigung werden.
Wir bitten dich für uns selbst – da, wo es in unserer Beziehung zu anderen Menschen, zu dir oder zu uns selbst dornig und verletzend geworden ist. Laß die Lebenshingabe deines Sohnes für uns zum Heil werden.
Das bitten wir dich durch Christus, unseren Herrn.

Das Leben triumphiert

Gottesdienst am Karsamstagabend zu Markus 16, 1–8

Liebe Gemeinde!
Dieser Karsamstag ist der Tag der Grabesruhe. Der Tag neigt sich und geht in die Nacht der Auferstehung über. Die Osternacht ist eine heilige Nacht: Gott besiegt den Tod. Christus wird von den Toten auferweckt. Der Gekreuzigte lebt. Es ist nicht zu fassen und doch wahr.

Die Frauen, die damals zum Grab Jesu kamen, konnten es nicht glauben. Sie sind in ihrer Trauer um Jesus gefangen. Sie versuchen, ihm die letzten Liebesdienste zu erweisen. So gehen sie zum Grab, um seinen Leichnam einzubalsamieren, wie es Sitte war. Unterwegs machen sie sich Sorgen, wie sie den Stein vom Grab wegwälzen können. Deutlich steht ihnen noch vor Augen, wie qualvoll Jesus starb – festgenagelt auf ein Kreuz, draußen vor der Stadt, zusammen mit zwei Verbrechern hingerichtet. Sie spüren noch die Ohnmacht und Wut, daß sie ihm nicht helfen konnten. Das Geschwätz der Leute klingt noch in ihren Ohren nach, wie Jesus am Kreuz verspottet wurde: *„Anderen hast du geholfen. Wenn du Gottes Sohn bist, dann hilf dir jetzt selber und steig herab von deinem Kreuz."* Ängstlich und traurig hatten die beiden Frauen dabeigestanden.

Wir singen vom Lied: „O Haupt voll Blut und Wunden" die ersten beiden Strophen (EG 85, 1–2).

Die Frauen kommen am Grab an, und als sie aufschauen, ist der große Stein weggewälzt. Überrascht, erstaunt gehen sie in die Grabhöhle hinein und erschrecken zutiefst. Da sitzt eine Gestalt in weißen Gewändern. Die Frauen sind starr vor Schreck, da beginnt die Gestalt zu sprechen:

„Fürchtet euch nicht! Ihr sucht Jesus von Nazareth, den Gekreuzigten. Er ist auferstanden, er ist nicht hier. Geht aber hin und sagt es seinen Jüngern."
Das ist zuviel für die Frauen. In hellem Entsetzen ergreifen sie die Flucht und laufen weg. Sie waren gekommen, Jesu Leichnam zu salben, und statt dessen ist das Grab offen, der Leichnam verschwunden, und ein Engel spricht zu ihnen. Sie sind völlig durcheinander. Jesus war gestorben und begraben worden – sie hatten es mit eigenen Augen gesehen. Und nun soll er wieder lebendig sein? Das gibt es doch nicht.

Nein, bis dahin hatte es so etwas nicht gegeben. Mit der Osternacht begann etwas Neues, etwas, das unsere Möglichkeiten und Vorstellungen weit hinter sich läßt: Gott besiegt den Tod und erweckt Christus von den Toten auf. Gott erschafft ein neues, verwandeltes, unvergängliches Leben. Der gekreuzigte Christus ist zugleich der Auferstandene. Aus dem Tod wächst ein neues Leben. Dafür hatten die Frauen damals keine Worte, das war für sie fremd und überwältigend und furchteinflößend.
Doch später treffen sie andere Menschen, die dem auferstandenen Christus begegnet sind, und sie beginnen zu begreifen: In dieser Nacht hat Gott in außergewöhnlicher Weise gehandelt. Gott hat sich zu dem verurteilten, verspotteten, gequälten und toten Jesus gestellt und ihn von den Toten auferweckt. Er hat ihn so auferweckt, daß er nicht noch einmal sterben wird. Eine neue Qualität von Leben und Leiblichkeit, die dem Tod nicht mehr unterworfen ist.

Das bedeutet Ostern: Der Tod ist besiegt, er hat nicht mehr das letzte Wort, Gottes Macht reicht über den Tod hinaus.

Jesus ist für uns als erster in die Auferstehung vorangegangen. Der Tod ist besiegt, das Leben triumphiert.
Über allen Mächten der Verzweiflung und Trauer, über allen Schmerzen und Krankheiten, über allen Gräbern und Sorgen steht: Christus ist von den Toten auferstanden und hat diese Dunkelheiten entmachtet. Er hat ihnen eine Grenze gesetzt. Darum feiern wir die Osternacht. Die Nacht, in der Gott uns die Augen öffnet für seine Größe, für seine Möglichkeiten, aus dem Tod neues Leben zu erschaffen. Wenn Gott das kann, dann haben wir eine Hoffnung für unsere ausweglosen Situationen, für unsere felsbrockenharten Sorgen, die wir allein nicht wegschieben können, für unsere abgestorbenen Gefühle, für unsere Gräber und Verluste. Gott kann und will neues Leben schaffen. Das Verurteilte, Verspottete, Gequälte verwandelt er in Osterlachen.
Auferweckung meint ein Doppeltes: Es geht um die Auferweckung von den Toten am Ende der Zeiten. Und es geht um das Wachwerden, das Verwandeltwerden heute, hier und jetzt. Schon heute will die Auferstehungskraft, die österliche Freude in uns wirksam werden.
Die Nacht, die heilige Nacht der Auferweckung, fordert uns heraus, wach zu werden, uns wecken zu lassen und das Handeln Gottes in unserem Leben zu erbitten, zu beobachten, zu spüren und davon weiterzuerzählen.

Dabei helfe und bewahre euch der Friede Gottes. Amen

Erläuterungen und Materialien
Der Gottesdienst findet am Samstagabend vor Ostern statt. Darum verbindet er Elemente von Karfreitag und Ostern, um die Bewegung vom Kreuz zur Auferstehung ansatzweise nachzuzeichnen. Es empfiehlt sich, in diesem Abendgottesdienst das Abendmahl miteinander zu feiern.

Eingangsgebet[10]
In dir sein, Gott, das ist alles.
Das ist das Ganze, das Vollkommene, das Heilende.
Die leiblichen Augen schließen,
die Augen des Herzens öffnen
und eintauchen in deine Gegenwart.

Ich hole mich aus aller Zerstreutheit zusammen
und vertraue mich dir an.
Ich lege mich in dich hinein
wie in eine große Hand.

Ich brauche nicht zu reden, damit du mich hörst.
Ich brauche nicht aufzuzählen, was mir fehlt.
Ich brauche dich nicht zu erinnern oder dir zu sagen,
was in dieser Welt geschieht und wozu wir deine Hilfe brauchen.

In dir sein, Gott, das ist alles,
was ich mir erbitte.
Damit habe ich alles erbeten,
was ich brauche für Zeit und Ewigkeit.

Lied: EG 227, 1–2 „Dank sei dir, Vater, für das ewge Leben"

Lesung: Mk 16, 1–8

Predigt

Lied: EG 114, 1.4 (5) „Wach auf, mein Herz, die Nacht ist hin"

Psalm 118 (in Auswahl)[11]

Im Wechsel zu beten. Der Psalm kann als Vergewisserung und Bekräftigung der Predigt an dieser Stelle gebetet werden.

Danket dem Herrn; denn er ist freundlich,
und seine Güte währet ewiglich.
　In der Angst rief ich den Herrn an;
　und der Herr erhörte mich und tröstete mich.
Der Herr ist mit mir, darum fürchte ich mich nicht;
was können mir Menschen tun?
　Der Herr ist mit mir, mir zu helfen;
　und ich werde herabsehen auf meine Feinde.
Es ist gut, auf den Herrn vertrauen
und nicht sich verlassen auf Menschen.
　Es ist gut, auf den Herrn vertrauen
　und nicht sich verlassen auf Fürsten.
Der Herr ist meine Macht und mein Psalm
und ist mein Heil.
　Man singt mit Freuden vom Sieg
　in den Hütten der Gerechten:
Die Rechte des Herrn behält den Sieg!
Die Rechte des Herrn ist erhöht;
die Rechte des Herrn behält den Sieg!
　Ich werde nicht sterben, sondern leben
　und des Herrn Werke verkündigen.
Ehre sei dem Vater und dem Sohn
und dem Heiligen Geist,
　wie es war im Anfang, jetzt und immerdar
　und von Ewigkeit zu Ewigkeit.

Lied: EG 227, 3.4 „Dank sei dir, Vater, für das ewge Leben“

Abendmahl

Fürbitten[12]

Die Gemeinde wird gebeten, jeweils die Bitte *„Weck uns auf“* mitzusprechen.

Lebendiger Gott
Aus dem Schlaf der Sicherheit
    Weck uns auf
Aus dem Tod der Liebe
    Weck uns auf
Aus der Faulheit des Denkens
    Weck uns auf
Aus dem Schlaf der Selbstgenügsamkeit
    Weck uns auf
Aus dem Tod der Hoffnung
    Weck uns auf
Aus der Dürre der Phantasie
    Weck uns auf
Aus dem Schlaf der Sinne
    Weck uns auf
Aus dem Tod der Gefühle
    Weck uns auf
Aus Kleinlichkeit und Enge
    Weck uns auf
(Um Jesu willen. Amen)

Lied: EG 227, 6 „Dank sei dir, Vater, für das ewge Leben“

Segen

Orgelnachspiel

Heil werden

Weihnachtsgottesdienst zu Lukas 2, 1–20

Liebe Gemeinde!
Vielleicht ist es das erstemal für Sie, daß Sie Weihnachten im Krankenhaus erleben. Vielleicht macht es Ihnen das Herz schwer, nicht zu Hause sein zu können, nicht in der gewohnten Weise Weihnachten feiern zu können.
Vielleicht sind Sie aber auch ein wenig neugierig darauf, wie dieses andere Weihnachten für Sie werden wird, ob Sie eine neue Perspektive gewinnen, eine bisher nicht gekannte Erfahrung machen.

Was mir an Weihnachten wichtig ist, möchte ich Ihnen in drei kurzen Gedankengängen mitteilen.

1.
Wir haben es schon so oft gehört, daß es sich gar nicht mehr besonders anhört: Gott wird ein Mensch. Und doch geschieht da etwas Unfaßbares. So wie jedes Kind von einer Mutter geboren wird, so wird auch dieses Jesus-Kind von seiner Mutter zur Welt gebracht. Das Kind ist – wie jeder Säugling – zunächst nackt, es ist darauf angewiesen, genährt, gewärmt, gewaschen zu werden. Ganz klein und hilflos, ganz zart und verletzbar sind solche neugeborenen Kinder. Und so klein, so hilflos, so zart und verletzbar wird Gott. Der Gott, der Himmel und Erde geschaffen hat, sucht sich diesen Weg aus, um uns Menschen nahe zu sein. Wie jeder andere Mensch wird er als ein Säugling von seiner Mutter unter Schmerzen geboren. Das führt zu meinem zweiten Gedanken.

2.
Gott wird ein Mensch, um mit uns mitzuleiden. Sicher kennen Sie die Erfahrung, daß Sie ein bestimmtes Gefühl, eine brennende Sorge, einen tiefen Kummer mitteilen wollen, doch es fehlen Ihnen die passenden Worte, oder es fehlt Ihnen ein vertrauensvolles Gegenüber, oder es fehlt Ihnen der Mut, es auszusprechen. Viel Einsamkeit, viel innere und äußere Belastung entstehen durch solche Erfahrungen: daß da niemand ist, der zuhört, der versteht, der tröstet, der Mut macht. Nun nehme ich den zweiten Gedanken noch einmal auf: Gott wird ein Mensch, um mit uns mitzuleiden. Das bedeutet, Gott wohnt nicht weit weg im Himmel, sondern er ist hier auf der Erde. Er hört zu, er kennt die Sorgen, den Kummer, er fühlt mit. Er fühlt die Einsamkeit und die Schmerzen, er weint mit den Weinenden und spürt die verborgene Trauer. Gott wird ein Mensch, um mit uns mitzuleiden. In dem Jesus-Kind ist Gott so verletzlich wie wir. Und die Weihnachtsgeschichte verrät uns noch mehr.

3.
Gott wird ein Mensch, damit wir heil werden. Viele Menschen machen sich große Sorgen darüber, was sein wird, wenn ... – und dann zählen sie alle möglichen schrecklichen Dinge auf, die ihnen eventuell in der Zukunft widerfahren könnten. Und vor lauter Sorgen und Angst vergessen sie, daß sie heute und jetzt lebendig sind. Die Weihnachtsgeschichte spricht von einer großen Freude: Euch ist heute der Heiland geboren. Das sind alte Worte: heil werden, Heil, Heiland. Ich versuche, sie mit anderen Worten zu beschreiben. Zuvor habe ich gesagt, daß Gott ein Mensch wird, um mit uns mitzuleiden. Heil bedeutet dann, daß Gott über das Mitleiden, Mitfühlen hinaus unseren Kummer zum Guten wenden kann, eine Lösung für

das Verkrampfte bewirkt, eine Erlösung von dem schafft, was uns hemmt, blockiert, einengt. Daß er Möglichkeiten hat, die uns nicht zur Verfügung stehen, und daß er diese Möglichkeiten für uns einsetzt.

Heil werden meint dann, daß das Gute in uns erhalten, daß das Gefährdete in uns gerettet, daß das Geknechtete in uns befreit wird, daß das Verstoßene heimkehren darf, daß wir die Menschen werden, die Gott in uns sieht: wunderbare, einmalige, geliebte Geschöpfe.

Liebe Gemeinde, vielleicht ahnen Sie jetzt etwas davon, warum die Engel von einer großen Freude reden. Euch ist heute der Heiland geboren, damit ihr heil werdet.

Und der Friede Gottes, der höher ist als all unsere Vernunft, der bewahre eure Herzen und Sinne in Christus Jesus, unserem Heiland. Amen

Erläuterungen und Materialien

Die Weihnachtsgottesdienste finden nicht in der Kapelle statt, sondern auf den einzelnen Stationen. Dadurch können mehr Patienten/-innen und ihre Angehörigen am Gottesdienst teilnehmen, da die Feier sichtbar und hörbar auf dem jeweiligen Stationsflur stattfindet. Zudem gibt es dem Stationspersonal (Pflegeteam und Ärzten/-innen) die Möglichkeit, den Gottesdienst mitzufeiern, ohne seine Dienstbereitschaft zu vernachlässigen. Das wäre in der weit entfernt liegenden Kapelle nicht möglich. Diejenigen Mitarbeitenden, die über die weihnachtlichen Feiertage im Krankenhaus arbeiten müssen, haben aufgrund des Schichtdienstes oft keine Gelegenheit, einen Weihnachtsgottesdienst (außerhalb des Krankenhauses) zu besuchen.

Der immer noch großen Bedeutung von Weihnachten in Kirche und Gesellschaft wird mit den auf verschiedenen Stationen stattfindenden Weihnachtsgottesdiensten angemessen Rechnung getragen.

Die weihnachtlich-festliche Stimmung der Gottesdienste kann durch eine kleine Bläsergruppe unterstrichen werden, die die Choräle begleitet sowie einige Instrumentalstücke spielt. Ihr Schall kann auch von den Patienten/-innen gehört werden, die nicht aus ihren Zimmern, aus ihren Krankenbetten herauskommen können. Durch das Mithören und dann vielleicht Mitsummen der Lieder sind sie in die gottesdienstliche Gemeinschaft mit hineingenommen.

Das gemeinsame Gottesdienstfeiern von Patienten/-innen, Angehörigen, Pflegepersonal und Ärzten/-innen wird zusätzlich intensiviert, wenn es gelingt, jemanden (oder mehrere Personen) vom Stationspersonal für die Übernahme einer Lesung oder einer Fürbitte zu gewinnen.

Eine weitere Möglichkeit besteht darin, die Grünen Damen an der Vorbereitung und Gestaltung des Gottesdienstes zu beteiligen.
Am Ende des Gottesdienstes erhält jede/r eine weihnachtlich gestaltete Faltkarte zur Erinnerung. Den Kranken, die in den Zimmern geblieben sind, kann dieser Kartengruß auf den Nachttisch gestellt werden.
Für Weihnachtsgottesdienste im Krankenhaus empfehlen sich die weit bekannten Weihnachtslieder.

Instrumentalmusik (Bläser)

Begrüßung

Im Namen des Vaters...

Unsere Hilfe...

Lied: EG 13, 1–2 „Tochter Zion"

Eingangsgebet
Guter Gott, wir feiern Weihnachten, wir erinnern uns daran, daß du in dem Jesus-Kind ein Mensch geworden bist.
Wir sind jetzt hier – mit unseren Erwartungen, mit unserer Traurigkeit, mit unserer Freude.
Wir bitten dich, laß uns zur Ruhe kommen; hilf uns, uns zu sammeln, daß wir das Kind in der Krippe anschauen, daß wir von dem Weihnachtsgeheimnis angerührt und verwandelt werden. Laß uns erfahren, wie deine Freude zu uns kommt – heute an diesem Tag.
Das bitten wir dich durch Christus, deinen Sohn.

Lied: EG 13, 3 „Tochter Zion“

Lesung: Lk 2, 1–7

Lied: EG 24, 1–2 „Vom Himmel hoch“

Lesung: Lk 2, 8–14

Lied: EG 24, 3–4 „Vom Himmel hoch“

Lesung: Lk 2, 15–20

Instrumentalmusik (Bläser)

Predigt

Lied: EG 46, 1–3 „Stille Nacht“

Fürbitten
Die Gemeinde stimmt in den Ruf *„Herr, erbarme dich“* mit ein.

Guter, barmherziger Gott,
wir danken dir für das Kind in der Krippe, in dem du uns nahe bist. Im Namen dieses Kindes rufen wir zu dir und bitten dich um deine Hilfe:
Herr, erbarme dich.
Wir bitten um Frieden unter den Völkern.
Wir rufen zu dir: *Herr, erbarme dich.*
Wir bitten dich für die Menschen, die nichts zu essen haben, die verfolgt, ausgenutzt und gequält werden.
Wir rufen zu dir: *Herr, erbarme dich.*
Wir bitten dich für die Menschen, die kein Zuhause haben, die niemand mag, zu denen niemand freundlich ist.
Wir rufen zu dir: *Herr, erbarme dich.*

Wir bitten dich um Frieden in den Familien, für die zerstrittenen Paare, für die Geschiedenen und Einsamen, für die ungeliebten und im Stich gelassenen Kinder.

Wir rufen zu dir: *Herr, erbarme dich.*

Wir bitten dich für die Kranken und Sterbenden, für ihre Angehörigen, für die Menschen, die sie behandeln, pflegen und begleiten.

Wir rufen zu dir: *Herr, erbarme dich.*

Wir bitten dich um Frieden, um Heilwerden für uns selbst.

Wir rufen zu dir: *Herr, erbarme dich.*

Wir bitten dich für die Menschen, die uns besonders vertraut sind und deren Namen wir dir jetzt in der Stille sagen.

STILLE

Wir rufen zu dir. *Herr, erbarme dich.*

Gemeinsam rufen wir dich an mit dem Gebet Jesu:

Unser Vater im Himmel…

Lied: EG 44, 1–3 „O du fröhliche“

Segen

Instrumentalmusik (Bläser)

Mit dem Blick der Barmherzigkeit

Gottesdienst in der Passionszeit zu Lukas 22, 54–62

Lesung von Lk 22, 54–62

Liebe Gemeinde!
Wir befinden uns in den sechs Wochen vor Ostern, in der Passionszeit. Heute möchte ich mit Ihnen über eine Person aus der Passionsgeschichte nachdenken, die Ihnen gut bekannt ist: den Jünger Simon Petrus, meistens einfach Petrus genannt.
Petrus ist uns aus etlichen Jesus-Geschichten bekannt als ein zupackender, schnell und heftig das Wort ergreifender Mann. Manchmal wird er dabei etwas vollmundig, so auch am Abend unmittelbar bevor Jesus im Garten Gethsemane festgenommen wird. Da hatte er voller Überzeugung Jesus zugesichert: „Ich werde dich nicht verlassen, Jesus, ich bin sogar bereit, mit dir ins Gefängnis zu gehen; und wenn es sein muß, sogar bis in den Tod." Und Jesus hatte das Versagen des Petrus vorhergesehen und ihm gesagt, ehe der Hahn kräht und den neuen Tag ankündigt, wird er ihn dreimal verleugnet haben. Was danach geschah, habe ich Ihnen vorhin vorgelesen.
Der Hahn kräht und bringt damit dem Petrus sein Versagen ins Bewußtsein. Und er ging hinaus und weinte bitterlich.

Weinen schickt sich nicht. Vielleicht sind Sie auch so erzogen worden, die Tränen zu unterdrücken, keine „Heulsuse" zu sein. „Reiß dich zusammen! Du kannst doch hier nicht vor allen Leuten losheulen!" So oder so ähnlich sind wir doch erzogen worden. Wie oft haben wir uns das Weinen verkniffen, obwohl uns zum Heulen zumute war. Und jedesmal wurde in diesen Momenten etwas hart und

starr in unserem Inneren, was eigentlich durch die Tränen ausgedrückt werden wollte, was in Bewegung kommen und bleiben wollte.
Manche Menschen haben es buchstäblich verlernt zu weinen. Seit Jahren haben sie nicht mehr geweint. So vieles sammelt sich dann in einem an. Das will rausgelassen werden, das drängt nach draußen, in Tränen auszubrechen, den Stau rauszulassen, durch die Tränen all das aus sich herauszuweinen, was sie plagt.

Petrus ging hinaus und weinte bitterlich – über sein Versagen, über seine Feigheit, über seine Untreue. Petrus hatte versagt. Da trifft ihn der Blick Jesu. Das ist für mich eine der ergreifendsten Szenen in der Passionsgeschichte. Jesus dreht sich um und schaut Petrus an – nicht vorwurfsvoll, nicht besserwisserisch („Siehste, hab ich dir ja gleich gesagt, daß du das nicht schaffst"), nicht verurteilend. Jesus schaut nicht beleidigt oder wütend weg, sondern er schaut Petrus an – mit dem Blick der Barmherzigkeit. Jesus schaut ihn an, um ihn in diesem Moment des Versagens, der Feigheit, der Untreue zu halten; ihm gerade in diesem Augenblick seine Zuwendung nicht zu entziehen. Jesus wendet sich ihm zu, so heißt es im Text, um Petrus anzuschauen mit dem Blick der Barmherzigkeit.
Und damit geschieht genau das, worum in vielen alttestamentlichen Psalmen gebeten wird: „Gott, sieh an unsere Not!" Genau das tut Jesus. Er sieht die Not des Petrus an und schaut ihm in die Augen. Dieser Blick der Barmherzigkeit löst in Petrus Beschämung und Reue aus.

Es ist erlaubt zu weinen, den Kopf zu senken, ihn in den Händen zu vergraben, und bitterlich zu weinen über unser Versagen, über unsere Schuld. Die Heilige Schrift ist voller Geschichten von Menschen, die versagt haben, die feige, untreu, gewalttätig waren und die dennoch im Dienste Gottes bleiben durften. Ich erinnere an Adam und Eva, an Kain, an Abraham, der in Ägypten seine Frau an den Pharao verriet, an Jakob, der seinen Bruder um den Segen betrog, an Mose, der einen Mann im Zorn erschlug, an David, der ein Mörder und Ehebrecher war, und immer weiter bis in neutestamentliche Zeit, bis zu Petrus und Paulus. Sie alle waren keine Supermänner, sondern fehlerhaft wie wir. Sie versagten und taten anderen Unrecht, bereuten es und fingen aus der Vergebung heraus an, einen neuen Weg zu gehen. Sie machten die Erfahrung, daß sie nicht für immer auf ihr Versagen festgenagelt wurden, sondern bei Gott Vergebung fanden, eine offene Tür, durch die sie in ein anderes Leben gehen durften.

Heute ist es oft so, daß Menschen es nicht wagen, ihr Versagen zuzugeben, weil sie eine Verurteilung fürchten, die dann ihr ganzes Leben lang an ihnen haftet, womit sie für ihr ganzes Leben abgestempelt sind.
Vielleicht ist das auch ein Grund, warum in den Nachkriegsjahren so wenig über die Verbrechen der Hitler-Diktatur gesprochen wurde: aus Angst, für immer auf das Versagen festgelegt zu werden.

Jesus reagiert ganz anders. Er hatte das Versagen des Petrus ja schon kommen sehen – und doch stößt er ihn nicht von sich weg, sondern – im Gegenteil – er wendet sich ihm zu und schaut ihn mit dem Blick der Barmherzigkeit an. Petrus weint und bereut, und das ist die Grundlage dafür, daß Jesus ihn nach dem Ostergeschehen als Apostel beauftragt. Aus seiner Reue und Scham läßt Gott etwas Neues wachsen – und dieses Neue beginnt mit dem liebenden Blick Jesu.

Petrus hat seine eigene Passionsgeschichte. In dieser Nacht, da draußen vor dem Hof erlebt er seinen persönlichen Karfreitag. Und später erlebt er eine Auferstehung, als ihn der auferweckte Christus zum Apostel beruft.

Es ist tröstlich, diese Geschichte vom weinenden Petrus zu hören. Es ist eine ehrliche Geschichte, die nichts beschönigt. Und es ist eine Geschichte, die eine Fortsetzung hat. Ich wünsche Ihnen und mir, daß uns das Beispiel des Petrus Mut macht, unser Versagen, unsere Fehler, unsere Schuld zuzugeben und Vergebung zu finden – bei Gott und den Menschen. Damit Gott aus unseren Tränen etwas Neues wachsen lassen kann – durch den Blick der Barmherzigkeit.

Und der Friede Gottes, der höher ist als alle unsere Vernunft, der bewahre eure Herzen und Sinne in Christus Jesus, unserem gekreuzigten Herrn. Amen

Erläuterungen und Materialien

Begrüßung

„Der Menschensohn ist nicht gekommen, daß er sich dienen lasse, sondern daß er diene und gebe sein Leben zu einer Erlösung für viele." (Mt 20, 28)

Lieder: EG 87, 1–3 „Du großer Schmerzensmann"
EG 85, 1–4 „O Haupt voll Blut und Wunden"
(eignet sich als Lied nach der Predigt; Str. 4 endet mit „Gib mir, o mein Erbarmer, den Anblick deiner Gnad.")
EG 165, 1–2 „Gott ist gegenwärtig"
EG 157 „Laß mich dein sein und bleiben"

Psalm 43 (in Auswahl)

Was betrübst du dich, meine Seele,
und bist so unruhig in mir?
Harre auf Gott; denn ich werde ihm noch danken,
daß er meines Angesichts Hilfe und mein Gott ist.
Gott, schaffe mir Recht
und führe meine Sache wider das unheilige Volk
und errette mich von den falschen und bösen Leuten!
Denn du bist der Gott meiner Stärke:
Warum hast du mich verstoßen?
Warum muß ich so traurig gehen,
wenn mein Feind mich dränget?
Sende dein Licht und deine Wahrheit, daß sie mich leiten und bringen zu deinem heiligen Berg und zu deiner Wohnung,
daß ich hineingehe zum Altar Gottes,
zu dem Gott, der meine Freude und Wonne ist,
und dir, Gott, auf der Harfe danke, mein Gott.

Was betrübst du dich, meine Seele,
und bist so unruhig in mir?
Harre auf Gott; denn ich werde ihm noch danken,
daß er meines Angesichts Hilfe und mein Gott ist.

Eingangsgebet

Barmherziger Gott, du möchtest, daß wir dem Weg deines Sohnes Jesus folgen. Du willst, daß wir den Weg des Vertrauens gehen, den Weg der Hingabe und wenn es sein muß, den Weg des Leidens. Unterwegs verlieren wir den Mut, werden dir und unserer Berufung untreu. Darum rufen wir aus der Tiefe zu dir und bitten dich um dein Erbarmen um deines Sohnes Jesus Christus willen.

Zusage

„Der Herr ist treu; der wird euch stärken und bewahren vor dem Bösen." (2. Thess 3, 3)
„Und der in euch angefangen hat das gute Werk, der wird's auch vollenden bis an den Tag Christi Jesu." (Phil 1, 6)

Gebet zum Abendmahl

Barmherziger Gott, du willst, daß wir leben. Dafür ist Christus den Weg des Leidens gegangen bis in den Tod hinein. Befreie uns von unserer Ängstlichkeit, von unserer Starrheit, damit wir Menschen nach dem Bilde Jesu werden. Erneuere uns auf dich hin durch deine Gegenwart in Brot und Traubensaft. Das bitten wir dich durch unseren Herrn Jesus Christus, der mit dir und dem Heiligen Geist lebt und regiert von Ewigkeit zu Ewigkeit.

Fürbitten
Die Gemeinde spricht jeweils nach den einzelnen Bitten: *„Schau sie an mit dem Blick deiner Barmherzigkeit."*

Barmherziger Gott, du schaust nicht weg, wenn wir versagen, sondern wendest dich zu uns hin. Weil du dich uns zuwendest, können wir noch einmal beginnen – ohne Verurteilung, ohne für immer abgestempelt zu sein.
Darum bitten wir dich für alle, die innerlich hart und bitter geworden sind, für die Enttäuschten und Verzweifelten:
Schau sie an mit dem Blick deiner Barmherzigkeit.
Wir bitten dich für die, die unter ihrer Schuld leiden, für die Ungeliebten und Verstoßenen:
Schau sie an mit dem Blick deiner Barmherzigkeit.
Wir bitten dich für die, die sich ihr Versagen nicht verzeihen können, für die Einsamen und Unverstandenen:
Schau sie an mit dem Blick deiner Barmherzigkeit.
Wir bitten dich für alle Menschen, die in diesem Haus sind, die hier krank liegen, die hier arbeiten, die hierher zu Besuch kommen, für alle, die auf irgend eine Weise mit diesem Haus verbunden sind:
Schau sie an mit dem Blick deiner Barmherzigkeit.
In der Stille bitten wir dich für die Menschen, die uns persönlich am Herzen liegen.

STILLE

Schau sie an mit dem Blick deiner Barmherzigkeit.
Als deine geliebten Kinder rufen wir dich an:

Unser Vater im Himmel...

Da haben die Dornen Rosen getragen

Gottesdienst am Ostersonntag zu Lukas 24, 1–12

Liebe Gemeinde!
Der Herr ist auferstanden! Er ist wahrhaftig auferstanden! Halleluja!
Liebe Gemeinde, wer von Ihnen am Gründonnerstag hier war, dem ist vielleicht schon aufgefallen, daß sich der Altar, der Altarschmuck erheblich verändert hat – auf heute, auf den heutigen Ostermorgen hin.
Was sehen Sie? Was ist im Vergleich zum Gründonnerstag anders geworden?

(Antwort aus der Gemeinde: Am Gründonnerstag war nur die nackte Dornenkrone zu sehen und rot umwickelte Zweige, die das Blut Jesu andeuteten. Die Zweige streckten sich zum Kelch hin. Das Blut Jesu im Kelch für uns. Und heute sprießt überall neues Leben auf dem Altar.)

Ja, überall sprießt neues Leben. Grünes und Rosen und Zweige. Das Kreuz ist anders umwickelt, es ist aus seiner roten Hülle ent-wickelt worden. Ein Zeichen für die Leinentücher Jesu, die im Grab lagen – als Zeichen dafür: Der Tote ist nicht mehr tot, er ist auferweckt worden zum Leben.

Die Dornen tragen Rosen. Was vorher das Zeichen für das Leiden war, diese stachelige Dornenkrone, ist an den Rand gerückt und ist überwuchert vom Leben, vom Strotzenden, vom Vollen, von diesen wunderschönen Osterrosen. Dieses Altarbild kann uns zum Zeichen, zum Bild werden für das, was Ostern bedeutet.
So wie es jetzt auch draußen in der Natur geschieht, daß die Knospen aufspringen, daß die Blumen anfangen zu blühen, daß die Sträucher und Bäume grün ausschlagen,

daß etwas Neues, Kraftvolles, nicht Vorstellbares beginnt, so ist Ostern. Mit Ostern hat etwas Neues begonnen, was wir uns auch in unseren kühnsten Träumen nicht hätten vorstellen können: Gott kann von den Toten auferwecken.

Die Dornen tragen Rosen. Die Rose als Königin der Blumen, als Zeichen für Leben, Lebendigkeit und Schönheit. Und die Rose als Blume der Liebe. Vielleicht erinnern Sie sich daran, als Sie einmal Rosen geschenkt bekommen oder selber welche verschenkt haben. Es durch die Blume sagen, eine Rose als Zeichen der Liebe, der Aufmerksamkeit und des Interesses.
Ostern ist ein Ereignis, für das wir keine eigenen Worte haben, weil es so außerhalb unseres Vorstellungsvermögens ist. Darum brauchen wir Bilder. Heute möchte ich mit Ihnen diese Dornenkrone betrachten, die Rosen getrieben hat.

Diese Verbindung von Dornen und Rosen ist Ihnen vielleicht bekannt aus der weihnachtlichen Tradition. Sie kennen sicher dieses alte Weihnachtslied „Maria durch ein Dornwald ging". In der letzten Strophe heißt es: „...da haben die Dornen Rosen getragen." In diesem Lied erweckt das werdende neue Leben im Leib der Maria die Dornen, das Stachelige, Dürre, Trockene und Abgestorbene zum Leben. Weil Maria, die den Gottessohn zur Welt bringen wird, an diesen Dornen vorbeigeht, werden die Dornen vom Heiligen berührt und treiben Rosen. Dornen, die Rosen tragen, als Zeichen für die Auferweckung von den Toten. Das ist ein Bild für Ostern, für dieses Unsagbare, Unfaßbare, daß Gott etwas machen kann, was wir nicht können. Wir können niemanden von den Toten auferwekken. Gott, der die Quelle allen Lebens ist, verwandelt den Tod in ein Neues hinein, in einen neuen Anfang. Gott er-

schafft aus dem Toten, aus dem Abgestorbenen etwas Neues. Gott ist es, der aus Dürrem etwas Prachtvolles wachsen lassen kann. Wenn Sie im Garten oder auf dem Balkon Blumen pflanzen und sie pflegen und gießen und beschneiden, wo es nötig ist, dann wissen Sie, daß wir es nicht machen können, daß sie auch wirklich wachsen und blühen. Wir können für gute Umstände sorgen, aber daß sie wirklich wachsen, blühen und Frucht tragen, das können wir nicht machen. Wir können es nur geschehen lassen, weil Gott es ist, der es macht, der Schöpfer und Geber und Erhalter allen Lebens.
Gott ist es, der aus Verlorenem Reichtum machen kann. Gott ist es, der aus Trauernden Lachende machen kann. Gott ist es, der aus zu Tode Geweihten Singende machen kann. Ich habe am Karfreitag diesen alten Film „Quo vadis" im Fernsehen angeschaut. Vielleicht haben Sie das Buch einmal gelesen oder kennen den Film. Es geht um die ersten Christenverfolgungen im alten Rom unter Kaiser Nero. Es wird gezeigt, wie die Römer die ersten Christen in Rom gefangen und eingesperrt haben. Dann wurden sie im Zirkus zur allgemeinen Volksbelustigung im wahrsten Sinne des Wortes den Löwen zum Fraß vorgeworfen. Ganz schrecklich und abscheulich. Diese Christen gingen dann in die Arena und sangen ihre Glaubenslieder – den sicheren Tod vor Augen. Kaiser Nero war völlig irritiert darüber, daß Menschen, die einen schrecklichen Tod unmittelbar vor Augen hatten, sangen. Dieses ist Osterglauben, das ist österlicher Lebensstil, angesichts des Todes zu singen. Zu wissen, auch der Tod ist in Gottes Händen und ist für uns ein Anfang zu einem Neuen.

Doch der Weg dahin geht zunächst einmal durch die Dornen, durch die Nacht. Der Karfreitag, an dem Jesu Leiden sich zuspitzt und dann im Tod endet, kommt immer vor dem Ostermorgen. Wir haben kein Ostern ohne Karfreitag. Wir haben keinen Auferstandenen ohne den Gekreuzigten. Der Auferstandene ist immer nur als der Auferstandene zu erkennen an seinen Wundmalen, indem er seine Wunden zeigt: Ich bin der Gekreuzigte.

Die Verwandlung geschieht nicht als Zauberei, als Abrakadabra, so daß wir mit einem Schlag neue Menschen wären und mit all dem Dornigen auf dieser Welt nichts mehr zu tun hätten. Nein, die Verwandlung ist ein langer Prozeß, der hier und jetzt in diesem Leben beginnt, der hier und jetzt in und mit unserem Glauben, Hoffen und Lieben beginnt, in dem wir uns einüben auf das große Begegnen mit dem Gott, der von den Toten auferwecken kann.
Mit diesem Ostermorgen ist nicht alles Leid, aller Schmerz dieser Welt einfach weggefegt. Sondern der Ostermorgen gibt eine neue Perspektive. Aus dem Schwierigen, aus dem Stacheligen und Dornigen, aus dem Verdorrten und Abgestorbenen werden einmal Rosen sprießen. Das ist österliche Perspektive. Das, was mein Leben schwer macht, darauf wird Gott sein Osterlicht scheinen lassen. Und es werden Rosen – Blüten der Würde, Blüten der Schönheit, Blüten der Vollkommenheit – wachsen.
Der Dornenkranz mit den Rosen als Zeichen für Ostern und als Zeichen für unser Leben.

Dann kann es aber auch sein, daß Ostern erst mal mit Erschrecken beginnt – so wie diese Frauen am Grab erst mal erschrocken sind. Sie gerieten völlig aus dem Konzept. Sie wollten den Leichnam Jesu salben. Und der Leichnam war nicht da. Statt dessen saß dort eine Engelgestalt, die zu ihnen sprach. Und die Frauen flohen voller Entsetzen und Erschrecken, weil sie damit nicht gerechnet hatten.

Es kann sein, daß Ostern uns einen Schrecken einjagt; daß wir uns fragen: Bin ich bereit, mir Liebgewordenes aufzugeben für etwas Neues, etwas Unbekanntes, etwas, wo Gott in mein Leben hineingreift?
Oder daß wir darüber erschrecken, wenn wir unser Leben betrachten, wie stachelig und dornig unser Leben noch ist, wie wenig Rosen vielleicht bisher daraus gewachsen sind.
Oder es kann Angst machen, mich an meinen Dornen, an meinen Stacheln, an meinem Schutzpanzer berühren zu lassen, an dem, womit ich mich nach außen hin gegen Verletzungen schütze.

Die Frauen am Grab damals an diesem ersten Ostermorgen reagierten auch zunächst mit Zittern und Entsetzen. So befinden wir uns also, wenn es uns denn auch so ginge, in guter Gesellschaft. Doch später faßten sie Mut und liefen zurück und erzählten von dem, was ihnen widerfahren war. Sie lassen sich nicht davon beirren, daß die Jünger zunächst sagen: Das ist doch alles Geschwätz. Sie lassen sich nicht beirren, sondern erzählen von dem, was sie erlebt haben: Christus ist von den Toten auferstanden. Er ist wahrhaftig auferstanden. Halleluja.

Und der Friede Gottes, der höher ist als all unsere Vernunft, der bewahre eure Herzen und Sinne in Christus Jesus, unserem gekreuzigten und auferweckten Herrn. Amen

Erläuterungen und Materialien

Dieser Gottesdienst hat eine inhaltliche Verbindung und einen äußerlichen Zusammenhang mit dem Gottesdienst „... und flochten eine Dornenkrone" am Gründonnerstag zu Mk 14, 17–42; 15, 16–18 (S.81 ff.).

Dekoration des Altars: üppiger Blumenschmuck, viel Grün, aus der Dornenkrone wachsen weiße Rosen, das Altarkreuz ist nur noch lose mit naturfarbenem Juteband umwickelt, einige Streifen Juteband liegen auf dem Altar, vor dem Altar steht eine große Vase mit langstieligen weißen Rosen. Am Ende des Gottesdienstes erhalten alle eine weiße Rose aus der großen Vase.

Lieder:	EG 100, 1–5	„Wir wollen alle fröhlich sein"
	EG 103, 1–6	„Gelobt sei Gott im höchsten Thron"
	EG 112, 1–3	„Auf, auf, mein Herz, mit Freuden"
	EG 99	„Christ ist erstanden"

Psalm 30 (EG 714)

Ich preise dich, Herr;
denn du hast mich aus der Tiefe gezogen.
    Herr, mein Gott, als ich schrie zu dir,
    da machtest du mich gesund.
Lobsinget dem Herrn, ihr seine Heiligen,
und preiset seinen heiligen Namen!
    Denn sein Zorn währet einen Augenblick
    und lebenslang seine Gnade.
Den Abend lang währet das Weinen,
aber des Morgens ist Freude.
    Du hast mir meine Klage verwandelt in einen Reigen,
    du hast mir den Sack der Trauer ausgezogen
    und mich mit Freude gegürtet,
daß ich dir lobsinge und nicht stille werde.
Herr, mein Gott, ich will dir danken in Ewigkeit.

Eingangsgebet
Guter Gott, du hast Jesus vom Tod auferweckt zu einem neuen, unvergänglichen Leben. Du hast uns damit eine Hoffnung über den Tod hinaus gegeben. Doch so oft verlieren wir diese Hoffnung, schauen wir auf das Irdische und Vergängliche, trauen wir nur unserer eigenen Kraft und rechnen nicht mit dir. Erneuere an diesem Ostermorgen unseren Glauben an deine Liebe und Macht, laß deine Freude in unsere Herzen einkehren, denn der Tod ist vom Leben besiegt.

Fürbitten
Die Gemeinde stimmt in den Ruf *„Auferstandener Herr, erbarme dich"* mit ein.

Barmherziger Gott,
dein Handeln übersteigt unser Bitten und Verstehen: Der Gekreuzigte ist der Auferstandene. Der Tod ist entmachtet. Aus den Dornen läßt du Rosen wachsen.
Im Namen deines Sohnes Jesus rufen wir dich an und bringen dir unsere Bitten.
Wir rufen zu dir: *Auferstandener Herr, erbarme dich.*
Wir bitten dich für die Menschen, die unter Krieg, Terror, Verfolgung und Hunger leiden.
Wir rufen zu dir: *Auferstandener Herr, erbarme dich.*
Wir bringen dir die Menschen, die krank sind, die einsam sind, die im Sterben liegen.
Wir rufen zu dir: *Auferstandener Herr, erbarme dich.*
Wir bitten dich für die Verzweifelten, die Suchenden, die Verlassenen und Ungeliebten.
Wir rufen zu dir: *Auferstandener Herr, erbarme dich.*
Wir bringen dir die Menschen, die sich im Beruf und zu Hause für andere aufopfern.
Wir rufen zu dir: *Auferstandener Herr, erbarme dich.*

Wir bitten dich für alle, die politische und wirtschaftliche Verantwortung für andere tragen.

Wir rufen zu dir: *Auferstandener Herr, erbarme dich.*

Wir bitten dich für die Menschen, die uns lieb und teuer sind.

Wir rufen zu dir: *Auferstandener Herr, erbarme dich.*

Wir bitten dich für uns selbst.

Wir rufen zu dir: *Auferstandener Herr, erbarme dich.*

Des Nachts

Gottesdienst am Karsamstagabend zu Johannes 12, 24

Liebe Gemeinde!
Es ist Abend geworden. Dieser Karsamstag neigt sich seinem Ende zu. Nach jüdischem Verständnis beginnt mit dem Sonnenuntergang der neue, der nächste Tag. So beginnt der Sabbat am Freitagabend mit Sonnenuntergang und endet entsprechend am Samstagabend.
So beginnt auch mit diesem Abend das österliche Geschehen.
Es ist erstaunlich, daß die großen Ereignisse, mit denen Gott in das Geschehen auf der Erde eingreift, jeweils in der Nacht stattfinden. Ich erinnere Sie an die Heilige Nacht, an Weihnachten, wo Gott ein Mensch wird. Und dann diese Osternacht, in der Gott diesen Menschen Jesus von Nazareth von den Toten auferweckt.

Ich habe es zu Beginn schon gesagt: Wir brauchen Bilder, um uns zu verdeutlichen, was das bedeutet.
Ein Bild ist die Nacht selber. Gerade Sie hier im Krankenhaus wissen davon, daß die Nacht andere Gesetze hat als der Tag. Da werden die Schmerzen stärker, da drehen sich die Gedanken im Kreis, da kommen schlechte Erinnerungen hoch, da schleicht die Angst um uns herum. Die Dunkelheit macht uns wehrloser, als wir es bei Tageslicht sind. Nicht umsonst werden schwere Krankheit oder Todesnähe der Nacht zugeordnet. Manchmal heißt es: „Wenn er diese Nacht übersteht, dann ist er über den Berg.“

Wer einmal eine Nacht in Schmerzen, Sorgen oder Verzweiflung durchlitten hat, der weiß, wie willkommen ihm der Morgen war, welchen Trost das Morgengrauen brachte.

So kann uns die Nacht zum Zeichen für Ostern werden. Die Nacht ist nur darum Nacht, weil ihr der Morgen folgt. Ohne einen neuen Tag gäbe es auch keine Nacht. Die Nacht steht dann als Zeichen für das Schwere, das Leiden, den Tod.
„Wenn das Weizenkorn nicht in die Erde fällt und erstirbt, bleibt es allein. Wenn es aber erstirbt, bringt es viel Frucht."
Nur durch die Nacht hindurch geht es in den neuen Tag.

Und das Ende der Nacht ist der Morgen. Er steht für das Neue, für das Ende des Schweren, für die Überwindung des Todes. Die Nacht ist in den Morgen, in den neuen Tag, in das Licht verwandelt worden. Das wissen wir aus Erfahrung, daß das so ist, daß es nach der Nacht wieder Tag wird. Das können wir auch mit der Drehung der Erde erklären.

Die Auferweckung Jesu von den Toten können wir nicht wissenschaftlich erklären. Aber wir können das Bild von Nacht und Tag, unsere Erfahrung damit für unseren Glauben nutzbar machen.
Was auch immer in unserem Leben um-nachtet ist, wieviel auch immer in unserem Leben verdunkelt ist – aus Angst, aus falscher Bescheidenheit, aus Scham, aus Sorgen, aus Schuld – es wird irgendwann Tag darüber werden. Irgendwann wird Gottes Tag, Gottes erlösendes Licht auf das alles fallen, so daß aus Ihrer Nacht ein Ostermorgen wird.
Ich möchte schließen mit einem **Gebet**[13]:

Du Gott,
der Du da bist
Ein Gott mit uns
mitten im Tod

Dich erfahren	mitten in der Geschichte
Dein Licht sehen	mitten in der Nacht
Deine befreiende Hand ergreifen	mitten in der Gefangenschaft
Deine Gerechtigkeit durchsetzen	mitten im Unrecht
Deine Güte kosten	mitten im Bösen
Deine Vergebung leben	mitten in der Schuld
Deinen Frieden stiften	mitten im Haß
Deine Liebe bezeugen	mitten in der Welt

Das ist es, was ich will
Du
Gott mit uns
mitten im Tod
Amen

Der Friede Gottes, der höher ist als all unsere Vernunft, der bewahre eure Herzen und Sinne in Christus Jesus. Amen

Erläuterungen und Materialien

Begrüßung

„Wenn das Weizenkorn nicht in die Erde fällt und erstirbt, bleibt es allein; wenn es aber erstirbt, bringt es viel Frucht." (Joh 12, 24)

Seien Sie mit diesem Wort aus dem Johannes-Evangelium herzlich gegrüßt zu unserem Gottesdienst am Vorabend von Ostern.
Mit diesem Abend beginnt die Nacht, die Osternacht, in der Gott Jesus von den Toten auferweckte. Ein Ereignis, für das wir keine eigenen Worte haben, weil es unseren Erfahrungshorizont übersteigt. Aber wir können Bilder zu Hilfe nehmen, um uns diesem gewaltigen Geschehen zu nähern: Gott überwindet den Tod. Und nicht nur so, wie wenn wir von einer schlimmen Krankheit genesen und wir sozusagen noch einmal davongekommen sind. Viel mehr: Gott überwindet den Tod, das Ende. Ja, er verwandelt das Ende zu einem neuen Anfang.

Wir sind hier versammelt im Namen Gottes des Vaters und des Sohnes und des Heiligen Geistes. Amen

Unsere Hilfe steht im Namen des Herrn, der Himmel und Erde gemacht hat, der Bund und Treue hält ewiglich – bis über den Tod hinaus – und der niemals preisgibt das Werk seiner Hände. Das sind wir. Amen

Lied: EG 112, 1–3 „Auf, auf, mein Herz, mit Freuden"

Eingangsgebet[14]
Gott, wälz den Stein weg, der mich hindert zu glauben.
Ich möchte glauben, daß du das Leben bist und daß du den Tod überwindest.
Ich möchte glauben, daß du bereits damit begonnen und Jesus zu einem neuen Leben auferweckt hast.
Wälz den Stein weg, damit ich glaube und aufstehe zu einem frohen Leben.

Chor: Lobpreis

Lesung: Mk 16, 1–8

Predigt

Lied: EG 114, 1.4 „Wach auf, mein Herz, die Nacht ist hin"

Abendmahl

Gebet zum Abendmahl
Barmherziger Gott, du hast in der Osternacht den Tod überwunden und ihn für uns zum Leben verwandelt. Aus der Nacht ist Tag geworden, dein Tag, dein Leben – für uns.
In Brot und Wein gibst du uns Anteil daran. Jetzt noch ganz klein und unscheinbar: ein Stückchen Brot, ein Schluck Wein. Und doch ist alles schon darin enthalten, was einmal werden soll: dein Nahesein hier und jetzt, die friedliche Gemeinschaft der Menschen, deine gute Zukunft für uns. Mitten in der Krankheit, mitten im Tod, mitten in der Nacht feiern wir das Leben, wenn wir uns jetzt gemeinsam erinnern.

Einsetzungsworte

Vater unser

Friedensgruß

Lied: EG 190.2 „Christe, du Lamm Gottes"

Austeilung

Danksagung

Lied: EG 321, 1 „Nun danket alle Gott"

Fürbitten[15]
Die Fürbitte ist dreigeteilt; nach jedem Abschnitt singt der Chor ein „Kyrie". Die Gemeinde spricht nach jeder Bitte: *„Verwandle sie in einen Ostermorgen."*

Du lebendiger Gott, der du stärker bist als jeder Tod,
wir rufen dich an und strecken Dir jeden Tod, jede Nacht
entgegen, die unser Leben bedrohen:
Die lähmende Einsamkeit – *verwandle sie...*
Die zerbrochene Beziehung – *verwandle sie...*
Die bodenlose Traurigkeit – *verwandle sie ...*

Chor: Kyrie

Wir rufen Dich an und strecken Dir jeden Tod, jede Nacht
entgegen, die unser Leben belasten:
Die schlechten Erinnerungen – *verwandle sie...*
Die schleichende Krankheit – *verwandle sie...*
Die nagende Verzweiflung – *verwandle sie...*

Chor: Kyrie

Wir rufen Dich an und strecken Dir jeden Tod und jede Nacht entgegen, die unser Leben einengen:
Die mangelnde Anerkennung – *verwandle sie…*
Die steinharte Unversöhnlichkeit – *verwandle sie…*
Den fehlenden Mut – *verwandle sie…*

Chor: Kyrie

Sei Du das Leben in jedem Tod.
Setz Du immer wieder einen neuen Anfang des Lebens.
Darum bitten wir Dich durch Christus, unseren gekreuzigten und auferweckten Herrn.

Lied: EG 99 „Christ ist erstanden"

Segen

Chor

Horizonterweiterung

Gottesdienst am Totensonntag zu Offenbarung 21, 1–6

Liebe Gemeinde!

Heute ist Totensonntag. Wir gedenken unserer Verstorbenen; denken an die, die wir im vergangenen Jahr oder schon in früheren Jahren verloren haben. Solches Erinnern kann weh tun. Manchmal reißt es alte Wunden wieder auf, manchmal schauen wir in Dankbarkeit zurück auf die Menschen, die uns nahe und wichtig waren.

Am Totensonntag bedenken wir auch unser eigenes Sterben, unsere Begrenztheit. Hier im Gottesdienst, in der Nähe des Gottes, der Himmel und Erde gemacht hat, können wir es wagen zu fragen: Was kommt? Was wird am Ende unserer Zeit sein?

Der Totensonntag ist ein Tag, an dem wir in unserem Leben Inventur machen können. Sich ganz persönlich die Fragen stellen: Was erwarte ich noch vom Leben, von Gott, von mir selber? Habe ich eine Hoffnung, die mich nach vorne hin, der Zukunft entgegen offen sein läßt? Oder bin ich innerlich schon abgestorben, erwarte gar nichts mehr oder, wenn überhaupt, etwas Schlechtes? Worauf gründet sich meine Einstellung? Auf meine Erfahrungen und Enttäuschungen? Auf meinen Verstand, meine Befürchtungen? Was ist das Fundament, auf dem ich lebe und hoffe?

Uns als Christen verbindet der gleiche, eine Grund, auf dem unser Leben ruht, ob wir uns dessen immer bewußt sind oder nicht: Unser Leben gründet sich auf die Verheißung Gottes. Als Christen hoffen wir auf den kommenden Gott. Manchmal halten wir an dieser Hoffnung fest gegen unsere Erfahrung, gegen unsere Vernunft, gegen die Realität. Manchmal verlieren wir den Mut, unsere Hoffnung verliert sich, und dann brauchen wir die anderen, die

dann für uns mit hoffen, auch mal stellvertretend für uns weiter hoffen und glauben.
Der prophetische Seher Johannes beschreibt die Hoffnung in Bildern:

„Und ich sah einen neuen Himmel und eine neue Erde; denn der erste Himmel und die erste Erde sind vergangen, und das Meer ist nicht mehr. Und ich sah die heilige Stadt, das neue Jerusalem, von Gott aus dem Himmel herabkommen, bereitet wie eine geschmückte Braut für ihren Mann. Und ich hörte eine große Stimme von dem Thron her, die sprach: Siehe da, die Hütte Gottes bei den Menschen! Und er wird bei ihnen wohnen, und sie werden sein Volk sein, und er selbst, Gott mit ihnen, wird ihr Gott sein; und Gott wird abwischen alle Tränen von ihren Augen, und der Tod wird nicht mehr sein, noch Leid noch Geschrei noch Schmerz wird mehr sein; denn das Erste ist vergangen. Und der auf dem Thron saß, sprach: Siehe, ich mache alles neu! Und er spricht: Schreibe, denn diese Worte sind wahrhaftig und gewiß! Und er sprach zu mir: Es ist geschehen. Ich bin das A und das O, der Anfang und das Ende. Ich will dem Durstigen geben von der Quelle des lebendigen Wassers umsonst."

In einer Vision schaut der Seher Johannes, wie es einmal sein wird, auf welche Zukunft wir zugehen. Diese Verheißung eines neuen Himmels und einer neuen Erde läßt sich nicht aus unserer Erfahrung ableiten, sondern kommt von außen auf uns zu. Das entspricht ja dem Wesen von Hoffen, daß wir auf etwas warten, mit einer Kraft rechnen, die sich von außen ereignet, die unserem Einfluß entzogen ist. Wir warten auf den kommenden Gott, der am Ende der Zeiten alles in allem sein wird.
Doch schon jetzt sind uns Zeichen und Orte der Gegenwart Gottes gegeben, die uns auf dem Weg zu ihm hin

stärken, trösten, ermutigen oder ermahnen wollen. Das ist das Verheißungswort selbst und die Gemeinschaft im Abendmahl. In der Vision des Sehers Johannes wird die Zukunft Gottes mit uns Menschen in Bildern gemalt, die unserer tiefsten Sehnsucht entsprechen: Es wird eine Zeit und ein Raum sein ohne Leid, ohne Schmerzen, ohne Geschrei, ohne Brutalität, ohne Abschied, ohne Verzweiflung, ohne Tod. Gott selbst wird in unserer Mitte wohnen, sichtbar, greifbar, deutlich für alle. Und diese gute Nähe Gottes wird unsere Tränen in Lachen verwandeln, das Tote zum Leben erwecken, das Verlorene finden und das Müde neu machen. Immer wieder hat dieses Bild, diese Verheißung Menschen dazu ermutigt, ihre gegenwärtige Situation in einem neuen Licht zu sehen, ihren Weg tapfer weiter zu gehen, ihre Hoffnung über den Tod hinaus festzuhalten, aus dem Blick über den Horizont neue Kraft zu schöpfen.

Noch leben wir in dieser Welt, noch ahnen wir nur etwas von der Wirklichkeit und Gegenwart dieses neuen Himmels und dieser neuen Erde hier bei uns. Im Abendmahl feiern wir die Gegenwart Jesu Christi. Schon jetzt, hier und heute können wir einen Geschmack davon bekommen, wie es einmal sein wird. Christus selbst lädt uns an seinen Tisch ein. Jetzt noch verborgen in Brot und Traubensaft schenkt er sich uns, verwirklicht sich schon etwas von dem Wohnen Gottes unter uns. Heute noch unsichtbar, dann aber am Ende der Zeiten, wird Christus mit uns das große Festmahl feiern. Dann wird es nicht mehr vorläufig und in Erwartung seines Kommens sein, sondern dann ist er da – für uns – bei uns – für immer.

Und der Friede Gottes, der höher ist als alle unsere Vernunft, der bewahre eure Herzen und Sinne in Christus Jesus, unserem gegenwärtigen Herrn. Amen

Erläuterungen und Materialien

Lieder: EG 152 „Wir warten dein, o Gottes Sohn"
EG 150 „Jerusalem, du hochgebaute Stadt"
EG 450 „Morgenglanz der Ewigkeit"
EG 357 „Ich weiß, woran ich glaube"

Gebet

Statt eines Psalms kann Röm 8, 31–39 oder der Christus-Hymnus Kol 1, 15–20 im Wechsel mit der Gemeinde gebetet werden.

Röm 8, 31–39 (EG 771)

Ist Gott für uns, wer kann wider uns sein?
Der auch seinen eigenen Sohn nicht verschont hat,
sondern hat ihn für uns alle dahingegeben –
wie sollte er uns mit ihm nicht alles schenken?
  Wer will die Auserwählten Gottes beschuldigen?
  Gott ist hier, der gerecht macht.
  Wer will verdammen?
Christus ist hier, der gestorben ist,
ja vielmehr, der auch auferweckt ist,
der zur Rechten Gottes ist und uns vertritt.
  Wer will uns scheiden von der Liebe Christi?
  Trübsal oder Angst oder Verfolgung oder Hunger
  oder Blöße oder Gefahr oder Schwert?
In dem allen überwinden wir weit durch den,
der uns geliebt hat.
  Denn ich bin gewiß, daß weder Tod noch Leben,
  weder Engel noch Mächte noch Gewalten,
  weder Gegenwärtiges noch Zukünftiges,
weder Hohes noch Tiefes noch eine andere Kreatur
uns scheiden kann von der Liebe Gottes,
die in Christus Jesus ist, unserem Herrn.

Kol 1, 15–20 (EG 774)
Christus Jesus ist das Ebenbild des unsichtbaren Gottes,
der Erstgeborene vor aller Schöpfung.
Denn in ihm ist alles geschaffen,
was im Himmel und auf Erden ist,
das Sichtbare und das Unsichtbare,
es seien Throne oder Herrschaften
oder Mächte oder Gewalten;
es ist alles durch ihn und zu ihm geschaffen.
Und er ist vor allem,
und es besteht alles in ihm.
Und er ist das Haupt des Leibes,
nämlich der Gemeinde.
Er ist der Anfang,
der Erstgeborene von den Toten,
damit er in allem der Erste sei.
Denn es hat Gott wohlgefallen,
daß in ihm alle Fülle wohnen sollte
und er durch ihn alles mit sich versöhnte,
es sei auf Erden oder im Himmel,
indem er Frieden machte durch sein Blut am Kreuz.

Eingangsgebet

Guter Gott, das ist oft so ein schwerer, trauriger Tag, dieser Totensonntag. Wir spüren, was wir verloren haben und vermissen. Aber es ist auch ein reiches Gedenken, ein dankbares Erinnern an Gutes und Güte, die wir von anderen Menschen empfangen haben. Laß uns in diesem Gottesdienst den Blick auf dich richten, auf deine Zukunft, auf die Güte, die auf uns wartet. Weite uns den Horizont, daß wir nicht in unserer Enge steckenbleiben. Hilf uns, auf Christus zu schauen, der da war und der da ist und der da kommt.

Fürbitten[16]

Jesus, du Sohn Gottes, du hast dem Tode die Macht genommen und neues Leben ans Licht gebracht. Wir warten auf den Tag, an dem wir schauen werden, was wir jetzt glauben. Aber die Zeit wird uns lang, die Welt macht uns müde. Unser Herz ist bedrückt von der Schuld und dem Leiden der Menschen. Wir wissen oft keine Antwort, wenn man uns fragt nach dem Grund unserer Hoffnung, und wir sind schwach, wenn es gilt, der Gewalt des Todes standzuhalten.

Wir kommen zu dir und bitten um Hilfe: Gib uns Halt an deinem Wort, gib uns Hoffnung, die sich durch nichts beirren läßt, gib uns Kraft zur Liebe, die stärker ist als der Tod. Dir vertrauen wir unsere Verstorbenen an: Gib ihnen Ruhe für immer, dein Licht leuchte ihnen. In uns erhalte den Dank für alles, was sie uns gewesen sind und was sie uns bleiben.

(In der Stille bitten wir dich für die Menschen, die uns besonders am Herzen liegen. – STILLE –)

Unser Vater im Himmel...

Anmerkungen

1 Kalb, Friedrich: Grundriß der Liturgik, 3. Auflage, München 1985, S. 13.
2 Rotzetter, Anton: Gott, der mich atmen läßt. Gebete des Lebens, 14. Auflage, Freiburg 1998, S. 172.
3 Evangelisches Kirchengesangbuch. Ausgabe für die Landeskirchen Rheinland, Westfalen und Lippe, Gütersloh/Bielefeld/Neukirchen-Vluyn 1970, S. 1051.
4 Rotzetter, Gott, S. 248.
5 Singt und dankt. Lieder und Gebete. Beiheft zum Evangelischen Kirchengesangbuch für die Evangelische Kirche im Rheinland, Kassel 1984, Nr. 838; abgewandelt von der Autorin.
6 Rotzetter, Gott, S. 119.
7 Armbrüster, Annette und Wolfgang: Wir bringen die Welt ins Gespräch mit der Liebe. Psalmen, Tagesgebete, Fürbitten, Segen, Gebete für Kinder und andere Texte, 2. Auflage, Düsseldorf 1997, S. 153.
8 Zippert, Christian (Hg.): Gottesdienstbuch. Gebete, Lesungen, Lieder für die Sonn- und Feiertage des Kirchenjahres, 3. Auflage, Gütersloh 1995, S. 25.
9 Rotzetter, Gott, S. 27.
10 Zink, Jörg: Wie wir beten können, 5. Auflage, Stuttgart 1997, S. 19; der letzte Abschnitt („In der Stille…“) Zusatz der Autorin.
11 Singt und dankt, Nr. 777.
12 Rotzetter, Gott, S. 85 f.; Zusatz in Klammern von der Autorin.
13 Ebd., S. 86 f.
14 Ebd., S. 84.
15 Ebd., S. 83.
16 Zippert, Gottesdienstbuch, S. 150 f.; Zusatz in Klammern von der Autorin.

Register

a) Predigten

Ps 4, 2 18
Ps 31, 16 24
Ps 61, 5 31
Ps 103, 8 37
Ps 130 44
Jes 40, 27–31 51
Jes 41, 10 56
Jes 43, 1 63
Mt 5, 4 69
Mk 4, 35–41 74
Mk 14, 17–42; 15, 16–18 81
Mk 16, 1–8 88
Lk 2, 1–20 94
Lk 22, 54–62 101
Lk 24, 1–12 108
Joh 12, 24 116
Offb 21, 1–6 123

b) Psalmen und Hymnen

Ps 30 113
Ps 31 27
Ps 43 105f.
Ps 46 71
Ps 61 34
Ps 63 66
Ps 84 54
Ps 86 78f.
Ps 91 60f.
Ps 103 41
Ps 111 86f.
Ps 118 92
Ps 130 48
Jona 2 21f.
Röm 8, 31–39 126
Kol 1, 15–20 127

c) Gebete

Eingangsgebete 22, 28, 34, 42, 49, 55, 61, 67, 71, 79, 87, 91, 98, 106, 114, 120, 127

Fürbitten 23, 30, 35f., 42f., 50, 55, 62, 67f., 72f., 80, 87, 93, 99f., 107, 114f., 121f., 128

Gebet nach der Predigt 117f.

Gebete zum Abendmahl 106, 120

Quellenverzeichnis

Den Verlagen, die freundlicherweise die Abdruckgenehmigung für die unten genannten Texte erteilten, sei dafür gedankt.

Annette und Wolfgang Armbrüster: Wir bringen die Welt ins Gespräch mit der Liebe. Psalmen, Tagesgebete, Fürbitten, Segen, Gebete für Kinder und andere Texte, Presseverband der Evangelischen Kirche im Rheinland e. V., 2. Auflage, Düsseldorf 1997, S. 153.

Dietrich Bonhoeffer, Widerstand und Ergebung, KT 100, Chr. Kaiser/Gütersloher Verlagshaus, 16. Auflage, Gütersloh 1997, S. 219.

Evangelisches Gesangbuch. Ausgabe für die Kirche im Rheinland, die Evangelische Kirche von Westfalen, die Lippische Landeskirche, Verlagsgemeinschaft: Gütersloher Verlagshaus, Luther-Verlag GmbH, Neukirchener-Verlag des Erziehungsvereins GmbH, Gütersloh/Bielefeld/Neukirchen-Vluyn 1996, S. 1148, 1160, 1168, 1177, 1183, 1193, 1196f., 1199f., 1433f.

Evangelisches Kirchengesangbuch. Ausgabe für die Landeskirchen Rheinland, Westfalen und Lippe, Gütersloher Verlagshaus, Luther-Verlag GmbH, Neukirchener Verlag des Erziehungsvereins GmbH, Gütersloh/Bielefeld/Neukirchen-Vluyn 1970, S. 1051.

Jochen Klepper, Kyrie. Geistliche Lieder, Luther-Verlag GmbH, 20. Auflage, Bielefeld 1998, S. 43f.

Anton Rotzetter: Gott, der mich atmen läßt. Gebete des Lebens, Verlag Herder, 14. Gesamtauflage, Freiburg 1998, S. 27, 83f.; 85–87, 119, 172, 248.

Christian Zippert (Hg.): Gottesdienstbuch. Gebete, Lesungen, Lieder für die Sonn- und Feiertage des Kirchenjahres, Gütersloher Verlagshaus, 3. Auflage, Gütersloh 1995, S. 25, 150f.

Jörg Zink: Wie wir beten können, Kreuz Verlag, 5. Auflage, Stuttgart 1997, S. 19. 83.